12 13 14 15 16 17 18 19 20 21

KitchenAid® - Das Kochbuch

KitchenAid®

KitchenAid® - Das Kochbuch

Die Küchenmaschine Artisan® von KitchenAid ist das Traumgerät eines jeden Kochs. Er bietet geschäftigen Köchen, die jede Hilfe gebrauchen können, ein zusätzliches Paar Hände, um köstliche frisch zubereitete Gerichte zu kreieren. Der legendäre Mixer hat dazu beigetragen, dass zeitraubende Tätigkeiten in Gewerblichen und privaten Küchen seit mehr als 90 Jahren ein Kinderspiel sind. Das ultimative Mixer-Kochbuch wurde neu geschrieben und aktualisiert, um Sicherzustellen, dass Sie das Maximum aus Ihrem Gerät holen können. Die Küchenmaschine ist zum Rühren, Schlagen und Kneten perfekter Brote und Kuchen konzipiert, während seine robusten Aufsätze alles Weitere erledigen – vom Schneiden und Zerkleinern bis zur Herstellung frischer Nudeln, zum Auspressen von Obst und Hacken von Fleisch.

Herbert Johnston brachte die erste für den Hausgebrauch bestimmte KitchenAid® Küchenmaschine im Jahr 1919 auf den Markt. Er war eine Adaptierung seines gewerblichen Mixers – des Hobart Modell H – der fünf Jahre zuvor die Arbeiten von Bäckern revolutioniert hatte. Es war ein sofortiger Erfolg.

Im Jahr 1936 engagierte Johnston den talentierten Designer Egmont Arens. Sein Fingerspritzengefühl, kombiniert mit der kompromisslosen Qualität der KitchenAid® Küchenmaschine, brachte drei preisgekrönte Designklassiker hervor. Nahezu zwanzig Jahre später wurde die Küchenmaschine in einer Reihe von umwerfenden Farben produziert, die die Welt der Weißwaren auf den Kopf stellten – nach wie vor werden regelmäßig neue Farben dem Sortiment hinzugefügt. Bis heute blieb das Design größtenteils unverändert und das macht die KitchenAid® Artisan® Küchenmaschine zu der glanzvollen, äußerst effizienten Küchenhilfe, die er von Anfang an war.

Mit mehr als 120 Rezepten aus der ganzen Welt bietet das Kochbuch spannende Ideen für jede Gelegenheit – von Suppen, Salaten und Vorspeisen bis zu alltäglichen Mahlzeiten und stilvollen Gerichten für besondere Anlässe.

Die KitchenAid® Artisan® Küchenmaschine dient nicht nur zum Backen. Nutzen Sie seine speziellen Aufsätze und holen Sie das Maximum aus Ihrem extra Paar Hände heraus. Die vielseitigen Rezepte in diesem Buch werden hoffentlich selbst den zurückhaltendsten Koch inspirieren, die KitchenAid® Artisan® Küchenmaschine nahezu täglich zu verwenden!

Dirk Vermeiren
Managing Director KitchenAid Europa, Inc.

KitchenAid

Inhalt

KitchenAid®
Küchenhilfe und Stilikone

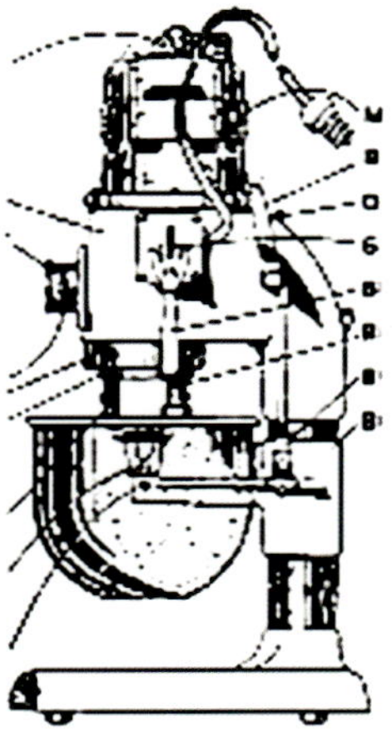

1908

1919

Erstmals im Jahr 1919 auf den Markt gebracht, hat sich der KitchenAid® Mixer zu einem echten Designklassiker entwickelt. Er wurde in einer Zeit konzipiert, in der die USA vor Energie gesprüht haben, in der amerikanische Produzenten führend waren, was die modernsten Maschinen anbelangte. Und in all dieser Zeit hat KitchenAid® seine legendäre Führungsposition in professionellen und privaten Küchen beibehalten. Die Artisan® Küchenmaschine bescheinigt die Fähigkeit der Marke, stilvolle Eleganz mit professioneller Effizienz und reiner Kraft zu kombinieren, und dies macht ihn zur Norm, anhand derer die Haushaltsmixer heute beurteilt werden.

Man schrieb das Jahr 1908 – das Jahr, in dem die Harvard Business School gegründet wurde und Henry Ford das Modell T produzierte –, als der in Ohio ansässige Ingenieur Herbert Johnston mit der Entwicklung eines gewerblichen Mixers begann. Nachdem er einem Bäcker zusah, wie dieser den Brotteig mühsam mit der Hand mischte, entschloss sich Johnston, einen Mixer zu bauen, der die harte Arbeit des Bäckers erleichtert.

KitchenAid
Reg. U.S. Pat. Off.

Sechs lange Jahre später – 1914 – wurde das **Hobart Modell H** auf den Markt gebracht. Es war sofort ein Erfolg. Seine Kapazität von 75 Litern veränderte das Leben der Bäcker für immer, indem es das bisher manuelle Mischen und Kneten von Teig zu einem Kinderspiel machte. 1917 installierte die US-Marine den Mixer sogar in den Kombüsen ihrer Flotte. Johnston erkannte das Potential seiner Kreation und investierte sein technisches Genie in die Entwicklung eines kleineren, aber ebenso effizienten Mixers für den Haushalt.

Es dauerte jedoch bis nach dem Ersten Weltkrieg – als sich amerikanische Produzenten aus der Kriegswirtschaft zurückziehen konnten – bevor Johnston seine Produktion beginnen konnte. Sein Haushaltsmixer musste aus Material bester Qualität produziert sein, über eine zuverlässige Mechanik verfügen und – ebenso wichtig – gut aussehen. 1919 war der Mixer fertig, aber Johnston hatte keinen Namen dafür, bis eines Tages die Ehefrau eines Firmendirektors rief: *„Es ist mir egal, wie Sie ihn nennen, er ist die beste Küchenhilfe, die ich jemals gehabt habe.“* Der legendäre Name war geboren.

'The K'

Egmont Arens

1927

Bei seiner Markteinführung löste das KitchenAid®-Hobart-Modell H-5 eine Sensation aus. Aufgrund des Werts, den Johnston auf Qualität legte, wurden nur vier Maschinen pro Tag in der Fabrik in Springfield, Ohio produziert. Bedauerlicherweise konnten sich nur Wohlhabende einen KitchenAid®-Mixer leisten, da die Geräte $189,50 kosteten – in heutigem Geld ungefähr $1,500.00. Im folgenden Jahrzehnt arbeitete Johnston unermüdlich an der Weiterentwicklung des Mixers, mit der festen Überzeugung, dass er zu einem Preis verkauft werden konnte, den sich jedermann leisten kann. Das elegante Modell G, das im Jahr 1927 auf den Markt gebracht wurde, bescherte dem Unternehmen ein Vermögen und es wurden in den nächsten drei Jahren nicht weniger als 10 000 Stück jährlich verkauft.

1936

Die verheerenden Auswirkungen der Wirtschaftskrise in den dreißiger Jahren machte noch günstigere Modelle notwendig und Johnston engagierte 1936 den hervorragenden Designer **Egmont Arens** - Herausgeber des *Creative Arts*-Magazin und des Gesellschaftsmagazins *Vanity Fair*. Das Fingerspitzengefühl von Arens, kombiniert mit der kompromisslosen Qualität des KitchenAid®-Mixers führte zur Entwicklung von drei neuen K-Modellen. Nach mehreren Auszeichnungen wurde der **K** 1955 in vielen Farben produziert, einschließlich Petal Pink, Sunny Yellow, Island Green, Satin Chrome und Antique Copper. Amerika verliebte sich in den KitchenAid®-Mixer - eine Liaison, die bis heute andauert.

Schokolade

Holunderbeere

Bronze

Liebesapfel rot

1994

Das Design aus dem Jahr 1936 blieb bis heute größtenteils unverändert, sogar in dem Ausmaß, dass die damaligen Aufsätze nach wie vor auf einer heute gekauften Maschine verwendet werden können. 1994 wurden dem Sortiment **neue Farben** hinzufügt, unter anderem Empire rot, Kobaltblau, Crème, Onyx Schwarz, Anthrazit, Gebürstetes Metall und Pastellgelb, Später gesellten sich die eindrucksvollen Farben Caviar, Eisblau, Pink, Orange und Pro-Metallic zum Bestehenden Angebot.

2008

2008 wurden drei weitere delikate Farbtöne Hinzufügt: Schokolade, Holunderbeere und Bronze. Zum 90.Geburtstag gab das köstliche Liebesapfel rot sein Debüt.

Was hat die Artisan® Küchenmaschine zum Objekt der Begierde seiner Mitbewerber gemacht? Im Jahr 2009 ist er immer noch die glamouröse Küchenhilfe, die er immer schon war. Nach wie vor manuell aus robusten Spritzgussmetallteilen montiert, steht er solide auf der Arbeitsplatte, und sogar, wenn er bei voller Geschwindigkeit läuft, wird er nicht das geringste Flattern erzeugen. Die lange Lebenszeit hat das gefeierte Design noch unverkennbarer gemacht und die berühmten glatten Kurven der Artisan® Küchenmaschine weisen noch immer dieselbe glänzende, aber robuste Emailbeschichtung auf.

KitchenAid®

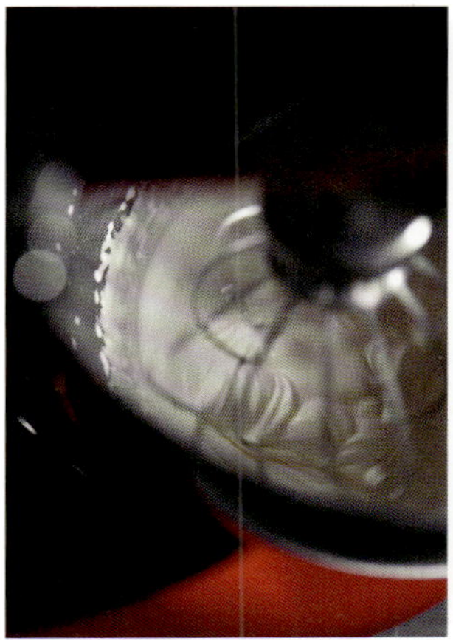

2009

Aber vielleicht noch ausschlaggebender für den Erfolg der Artisan® Küchenmaschine ist, was sich in seinem Inneren befindet. Patentiert im Jahr 1919, hat die einzigartige Rotationsbewegung auch heute noch ihre magische Wirkung: Der Rührer dreht sich in eine Richtung, während er sich gleichzeitig in der entgegengesetzten Richtung um seine eigene Achse dreht. Der Mechanismus ist leise, zuverlässig und langlebig, während die Steuerungen die Einfachheit selbst sind. Die Standardschüssel mit 4,83 Litern ist groß und sicher mit ihrem ergonomischen Griff, und der praktische Aufklappmechanismus sorgt dafür, dass sie einfach zu reinigen ist.

Die Artisan® Küchenmaschine ist jedoch viel mehr als nur ein Mixer. Er ist ein Hochleistungsgerät, das komplett mit dazugehörigen Accessoires geliefert wird – Edelstahlschüssel, Schneebesen, Knethaken und Flachrührer. Die spezielle Nabe ermöglicht die Befestigung von zahlreichen Zubehörteilen, die Ihren Mixer in ein Nudelteiggerät, eine Zitruspresse, einen Fleischwolf, eine Speiseeismaschine, einen Gemüseschneider oder sogar ein Wurstfüllhorn verwandeln.

Die KitchenAid® Artisan® Küchenmaschine ist ein hervorragendes Beispiel dafür, wie preisgekröntes Design und zweckmäßige Qualität Hand in Hand gehen können, und als solches verdient er einen Platz auf der Arbeitsplatte jeder Küche.

KitchenAid®

FOR THE WAY IT'S MADE.™

1919–2009
GS
Model: TYPE 3
220-240 V ~ 50/60 Hz
300 W
SKU: 5KSM156EPS
Made in USA

Sie und Ihre KitchenAid® Küchenmaschine

Die Artisan® Küchenmaschine ist eines der technisch am höchsten entwickelten Geräte, und doch einfach anzuwenden. Die Rezepte in diesem Kochbuch werden Ihnen helfen, Ihren Mixer kennen zu lernen.

Kochen Sie wie ein Profi

Lassen Sie den Mixer auf Ihrer Arbeitsfläche stehen

Die Artisan® Küchenmaschine verfügt über ein zeitloses Design, also lassen Sie ihn auf Ihrer Arbeitsfläche stehen, wo er gesehen und bewundert werden kann. Seine Präsenz wird Sie anregen, ihn tagtäglich zu verwenden. Die drei Basisaufsätze können einfach in der Standardschüssel aufbewahrt werden, und Sie können die maßgefertigte Mixerabdeckung verwenden, um alles staubfrei zu halten.

Schlagen macht Spass mit dem Schneebesen (01 & 02)

Die hauptsächliche Aufgabe des Schneebesens ist, Luft in Ihre Zutaten zu bringen – beispielsweise in Sahne oder Eiweiß. Dies ermöglicht Ihnen, süßes oder pikantes Mousse, schmackhafte Cremes und Schaumgebäck zu zaubern. Der Schneebesen wird Ihnen auch bei der Zubereitung der perfekten Mayonnaise, Sauce Hollandaise oder Zabaglione helfen. Beginnen Sie auf der niedrigsten Stufe und steigern Sie die Geschwindigkeit nach und nach. Es ist wichtig, nicht zu schnell zu schlagen, da in diesem Fall weniger Luft eingebracht und die Mischung zu schwer wird. Denken Sie daran, den Schneebesen niemals zum Schlagen von Butter zu verwenden: Die Butter wird in den Drähten verkleben, und Sie werden einen schwerfälligen Klumpen erhalten.

Die Zubereitung von Brot war niemals einfacher als mit dem Knethaken (03)

Der Name sagt es bereits. Mit einem Knethaken können Sie hervorragendes Brot zubereiten – von einem einfachen Bauernbrot bis zu Focaccia, Brioche oder Brezeln – sowie auch frischen Nudelteig. Bevor Sie zu kneten beginnen, müssen Sie die trockenen Zutaten mit dem Flachrührer mixen, um eine gleichmäßige Verteilung zu erhalten. Machen Sie dann mit dem Knethaken weiter, wenn Sie die flüssigen Zutaten hinzufügen, und kneten Sie diese langsam ein. Lassen Sie die Maschine arbeiten und nach kurzer Zeit entsteht eine Teigkugel. Kneten Sie einige Minuten länger, bis der Teig glatt und geschmeidig wird und lassen Sie den Teig in der Rührschüssel ruhen.

01

02

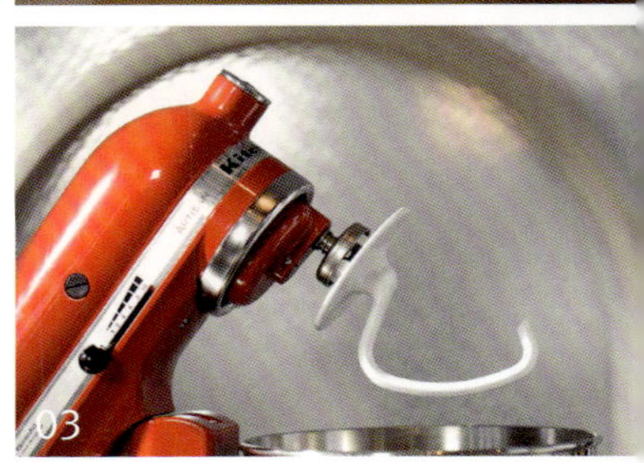
03

01

02

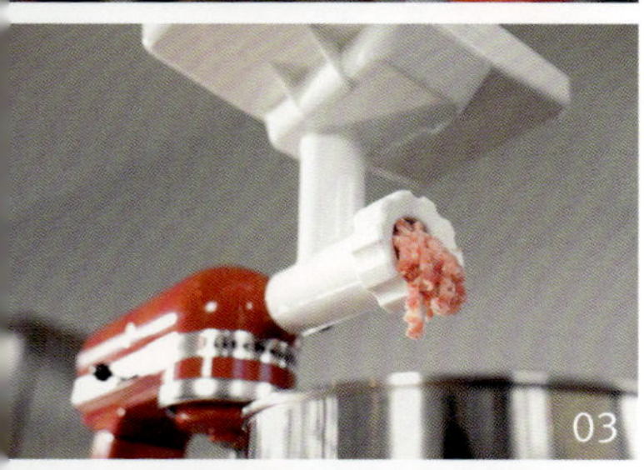
03

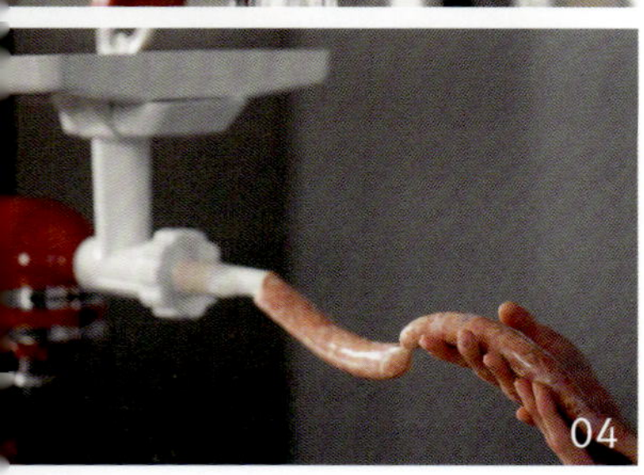
04

„SANFT" IST DAS STICHWORT BEIM MIXEN MIT DEM FLACHRÜHRER (01)
Der Flachrührer ist das eigentliche Kernstück Ihrer Artisan® Küchenmaschine. Er bewältigt jede Aufgabe, bei der nicht geschlagen oder geknetet werden muss. Der Flachrührer eignet sich hervorragend zum Schlagen von Kuchen- und Plätzchenteig, püriert aber auch Gemüse oder Dipsaucen und zaubert aromatisierte Butter oder Teig für Kuchen und Torten. Wie beim Schneebesen beginnen Sie am besten mit der niedrigsten Stufe und steigern nach und nach auf die gewünschte Stufe. Dadurch reduziert sich das Spritzen, insbesondere wenn Sie viel Flüssigkeit verwenden. Wenn Sie sich nicht sicher sind, welche Stufe am besten ist, sehen Sie im Stufen-Handbuch nach.

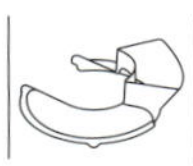

STANDARDSPRITZSCHUTZ
Der Spritzschutz dient einem doppelten Zweck. Er passt nahtlos auf den Rand der Standardschüssel und reduziert das Spritzen auf ein Minimum. Die Einfüllschütte führt die Zutaten zu den Seiten der Schüssel, damit diese den Rührbesen, den Haken oder Schneebesen niemals direkt berühren.

ZUBEHÖR ZUM AUFSETZEN UND MIXEN

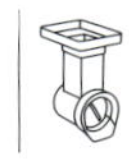

GEMÜSESCHNEIDER (02)
Dieser nützliche Aufsatz macht Routinearbeiten zum Kinderspiel. Der Gemüseschneider wird mit drei Standardtrommeln geliefert: einer scharfen Schneidetrommel sowie einer mittelgroben und einer groben Raspeltrommel. Damit können Sie Kartoffeln schneiden, Käse reiben, Gemüse zerkleinern, Obst klein schneiden, usw. Es gibt drei zusätzliche Trommeln für den Gemüseschneider: Eine Julienneraspel, eine Kartoffelraspel und eine feine Raspeltrommel.

FLEISCHWOLF (03)
Der Fleischwolf kann zum Hacken von Fleisch und Fisch verwendet werden. Aber das zweiseitige Messer mit vier Klingen hat noch viele andere Verwendungszwecke, beispielsweise die Herstellung von Bröseln, das Pürieren von gekochten Kartoffeln oder das Reiben von Nüssen. Es fungiert auch als Mühle, wenn Sie schwere Saucen pürieren möchten. Wählen Sie zwischen zwei Mahlscheiben - fein und grob.

PÜRIERAUFSATZ
Der Pürieraufsatz ist ideal, wenn Sie sehr leichte Saucen und Pürees zubereiten möchten. Das Sieb ist am Fleischwolf befestigt und püriert Obst und Gemüse, während es gleichzeitig Stängel, Kerne und Schalen entfernt. Verwenden Sie den Stopfer, um die Zutaten in den Fleischwolf zu füllen.

EINFÜLLTABLETT
Wenn es mit dem Fleischwolf und dem Pürieraufsatz verwendet wird, ermöglicht Ihnen das Einfülltablett die Verarbeitung von größeren Mengen.

WURSTFÜLLHORN (04)
Das Wurstfüllhorn wird am Fleischwolf befestigt. Damit können Sie nach Herzenslust Würstchen mit jeder beliebigen Fleischart zubereiten. Sogar vegetarische Würstchen sind mit diesem praktischen Aufsatz einfach zuzubereiten.

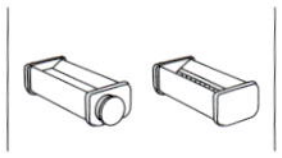

NUDELVORSATZ (01 & 02)
Der traditionelle Nudelvorsatz ist aus beständigem verchromtem Metall hergestellt. Alles, was Sie tun müssen, ist, den Nudelteig durch die Roller zu führen, bis Sie dünne Nudelblätter erhalten. Dann können Sie die Blätter so lassen, wie sie sind, oder sie durch die Schnittvorrichtung ziehen, um Tagliatelle oder Spaghetti zuzubereiten.

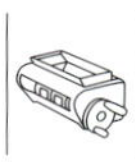

RAVIOLIAUFSATZ
Dies ist ein kleines Extra des Nudelvorsatzes, mit dem Sie Ihre Nudelblätter in pralle kleine Ravioli verzaubern können, gefüllt mit der Füllung Ihrer Wahl.

NUDELPRESSE (03)
Die Nudelpresse ermöglicht Ihnen das Formen von Spaghetti sowie kleinen und großen Makkaroni, Bucatini, Rigatoni oder sogar Fusilli. Der Teig wird einfach durch die Presse geführt und mit einer Drahtschere in der gewünschten Länge abgeschnitten.

ZITRUSPRESSE
Die Zitruspresse macht das Auspressen von großen Mengen Orangen, Zitronen, Grapefruits oder anderer Zitrusfrüchte zu einem Kinderspiel.

GETREIDEMÜHLE (04)
Die Getreidemühle ermöglicht Ihnen das Mahlen Ihres eigenen Getreides und sie kann sowohl für die Herstellung von fein gemahlenem Mehl als auch für grob gerissenes Getreide eingestellt werden. Sie können sogar versuchen, getrocknete Hülsenfrüchte, wie beispielsweise Kichererbsen, zu mahlen. Eine kleine Warnung: Mahlen Sie keine Kaffeebohnen, Nüsse oder Samen in der Getreidemühle. Der hohe Ölgehalt könnte den Mahlmechanismus beschädigen.

SPEISEEISMASCHINE
Eine Tiefkühlschüssel mit Flüssigkeit im Inneren der Wände sorgt dafür, dass Eiscreme gleichmäßig gefriert, nachdem sie mit dem Dasher gerührt wurde, und Sie können bis zu 1,9 Liter perfekt glatter Eiscreme damit zubereiten.

ANDERE NÜTZLICHE ACCESSOIRES

SCHÜSSELN

Es gibt zwei zusätzliche Schüsseln: Eine 4,28-l-Schüssel und eine kleinere 3-l-Schüssel.

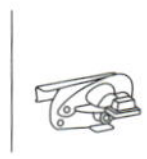

DOSENÖFFNER

ANMERKUNGEN FÜR DEN LESER

1 TL = Teelöffel = 5 ml
1 EL = Esslöffel = 15 ml
Es gelten stets gestrichene Löffel.

1 Ei = 45-50 g
1 großes Ei = 55-60 g
Bringen Sie Eier vor der Verwendung stets auf Zimmertemperatur.
Rohe Eier sollten von schwangeren Frauen, älteren Menschen, Kindern oder Menschen mit einem schwachen Immunsystem nicht konsumiert werden.

Butter ist immer ungesalzen, außer im Fall einer anders lautenden Angabe.
Sahne mit hohem Fettgehalt hat einen Fettgehalt von mindestens 35 %. Kühlen Sie Sahne stets vor dem Schlagen.
Orangen und Zitronen sollten gründlich gescheuert werden, bevor Sie die Schale verwenden, außer wenn Sie ungespritzte oder biologische Früchte verwenden.

Sämtliche Rezepte basieren auf einem herkömmlichen Ofen. Wenn Sie einen Heißluftofen verwenden, müssen Sie die angegebene Temperatur um 10 °C reduzieren. Da alle Öfen unterschiedlich sind, müssen möglicherweise auch die Garzeiten angepasst werden.

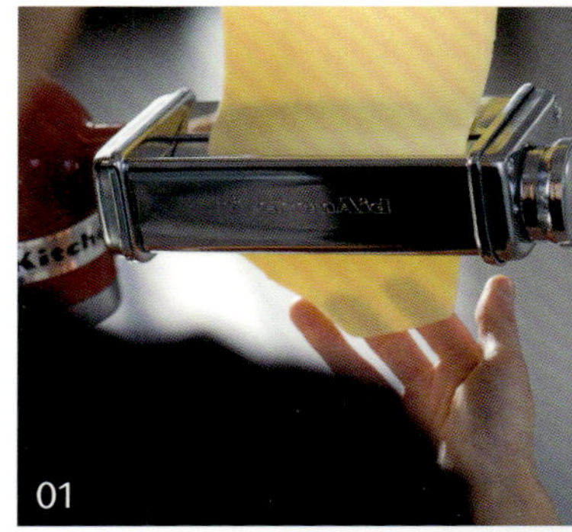

01

02

03

04

Der KitchenAid®-Blender/ Standmixer Artisan®

Mit seinem fünfstufigen Motor und der Möglichkeit, bei jeder Geschwindigkeit zu pulsieren, steht der KitchenAid®-Blender/ Standmixer Artisan® stolz neben der Artisan®-Küchenmaschine.

Wie bei der Artisan®-Küchenmaschine beruht das Konzept des Blenders/Standmixers auf der Idee, professionelle Qualität für die Verwendung im Haushalt zu bieten. Es ist ein leistungsstarkes Gerät mit einem soliden Metallfuß und einem robusten Glasbehälter mit 1,5 l Fassungsvermögen. Das Einzigartige an diesem Blender/Standmixer ist die Edelstahlklinge mit den auf vier Ebenen angeordneten, scharfen Spitzen. Diese ermöglichen ein schnelles, gründliches und einheitliches Mixen.

Der Artisan®-Blender/Standmixer ist ein leistungsstarkes Gerät, dessen 0,9-PS-Motor auf fünf Geschwindigkeitsstufen arbeitet. Jede der Stufen wird über Drucktasten gesteuert, die übersichtlich in der Reihenfolge der Geschwindigkeit von fünf Symbolen auf dem „Clean Touch"-Bedienfeld markiert sind: Rühren, Hacken, Mixen, Pürieren und Verflüssigen. Außerdem stehen ein Modus zum Zerkleinern von Eis sowie ein Puls-Modus zur Verfügung. Die Intelli-Speed™-Steuerung sorgt auch beim Hinzufügen von Zutaten während des Betriebs für eine konstante Geschwindigkeit. Der Blender/Standmixer ist so leistungsstark, dass die meisten Aufgaben weniger als eine Minute dauern. Der Puls-Modus kann auf jeder Stufe verwendet werden, nicht jedoch auf der Stufe zum Zerkleinern von Eis, da diese automatisch für optimale Ergebnisse gepulst ist. Im Puls-Modus können Sie die Textur der gemischten Zutaten steuern und vermeiden, dass die Lebensmittel zu stark verarbeitet werden.

Beachten Sie die goldene Regel, den Mixvorgang stets auf der niedrigsten Stufe zu beginnen: So verhindern Sie Spritzer und ermöglichen ein gründliches Vermischen der Zutaten. Drücken Sie die gewünschte Taste, wenn Sie bereit sind, auf eine höhere Stufe zu schalten. Sorgen Sie stets dafür, dass der Deckel fest sitzt, bevor Sie mit dem Mixen beginnen. Sie können den Zutatenbehälter abnehmen, wenn Sie während des Mixens Flüssigkeiten oder Eiswürfel hinzugeben möchten.

01

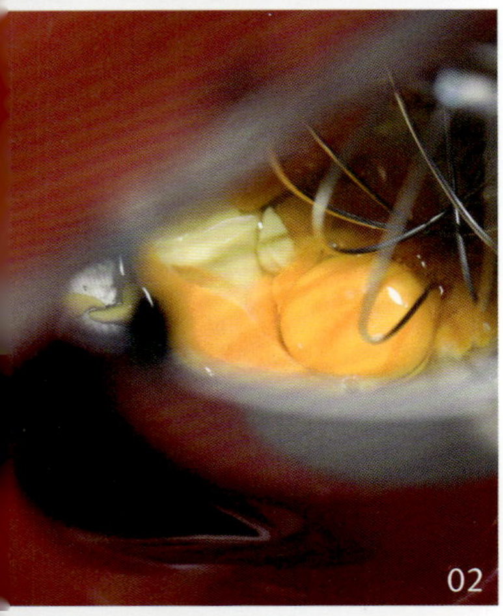
02

03

04

MAYONNAISE (01, 02, 03 & 04)

Die Herstellung von frischer Mayonnaise ist sehr empfehlenswert und einfach. Sie können dieses Grundrezept variieren, indem Sie mit verschiedenen Aromen experimentieren. Nachfolgend einige Vorschläge.

Für 250 ml
Zubereitung: 10 Minuten

1 großes Ei
1 Eigelb
1 TL Zitronensaft, bei Bedarf mehr
1 TL Dijon-Senf
100 ml Olivenöl
100 ml Erdnussöl
Salz und frisch gemahlener schwarzer Pfeffer

Die Mengschüssel und den Schneebesen unter fließendem heißen Wasser erwärmen, und dann gut abtrocknen. Sorgen Sie dafür, dass alle Zutaten Zimmertemperatur haben, da die Mayonnaise ansonsten gerinnt. Ei, Eigelb, Zitronensaft und Senf in die Mengschüssel geben. Mit dem Schneebesen auf Stufe 8 schlagen, bis alles gut vermengt und schaumig ist.

Die Öle in einem Messbecher vermischen und dann bei laufendem Motor in die Mengschüssel hinzugeben: Zuerst tropfenweise, und wenn die Mayonnaise einzudicken beginnt, in einem kleinen Strahl. Wenn das gesamte Öl absorbiert wurde, die Mayonnaise würzen und nötigenfalls mit zusätzlichem Zitronensaft verbessern. Diese Mayonnaise wird nicht so dick werden wie eine Mayonnaise, die nur mit Eigelb zubereitet wird.

Variationen

Wasabi-Mayonnaise
1 bis 2 Esslöffel Wasabi-Paste in die Mayonnaise einrühren. Mit Hummerchips servieren.

Sesam-Mayonnaise
Das Olivenöl durch 75 ml geröstetem Sesamöl und 25 ml Erdnussöl ersetzen. 2 Esslöffel gerösteten Sesam einrühren. Mit weißem Fisch und kaltem, pochiertem Huhn servieren.

Anchovis- und Zitronen-Mayonnaise
Eine halbe Dose Anchovis-Filets mit einem Mörser und Stößel zu einer Paste zerstoßen und in die Mayonnaise einrühren. Die geriebene Schale einer Zitrone hinzufügen. Mit gegrilltem Schweinefleisch oder Lammkoteletts oder gebratenem Lachs servieren.

Pesto (01)

Pesto enthält normalerweise Basilikum, kann aber ebenso gut mit anderen Kräutern zubereitet werden, wie beispielsweise mit Minze, Koriander, Petersilie, Salbei und sogar Rucola.

Für 200 ml.
Zubereitung: 10 Minuten

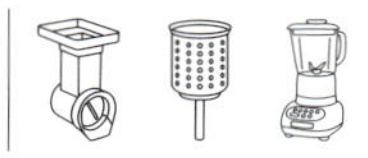

30 g Parmesan
30 g Pecorino Romano
60 g frisches Basilikum
40 g geröstete Pinienkerne
2 Knoblauchzehen
120 ml Olivenöl Extra Virgine
Salz und frisch geriebener schwarzer Pfeffer

Den Käse mit der feinen Raspeltrommel am Gemüseschneider auf Stufe 4 reiben. Basilikum, Pinienkerne und Knoblauch in den Blender geben, und auf Stufe rühren; darauf achten, dass das Pesto etwas Textur behält. Bei laufendem Motor das Olivenöl nach und nach zugeben, bis das gesamte Öl absorbiert wurde. Die Mischung in eine Schüssel geben und den Käse unterheben. Würzen Sie nach Ihrem Geschmack, seien Sie jedoch vorsichtig mit Salz, da der Käse bereits ziemlich salzig ist. Unverzüglich verwenden oder mit einer dünnen Schicht Olivenöl bedecken und im Kühlschrank aufbewahren.

Variationen

Minze- und Pistazien-Pesto
Ersetzen Sie den Pecorino durch Parmesan, das Basilikum durch Minze und die Pinienkerne durch geschälte Pistazien. Befolgen Sie das Rezept wie oben beschrieben. Dieses Pesto schmeckt vorzüglich zu gegrillten Auberginen oder Lammbraten..

Rucola- und Ziegenkäsepesto
Ersetzen Sie den Käse durch 120 g frischen Ziegenkäse und das Basilikum durch Rucola. Befolgen Sie das Rezept wie oben beschrieben. Dieses Pesto schmeckt hervorragend auf Bruschetta, garniert mit in Olivenöl eingelegten Artischocken.

Béchamelsauce (02 & 03)

Diese klassische weiße Sauce sollte zum Repertoire jedes Kochs gehören. Veredeln Sie die Sauce mit Gewürzen nach Ihrem eigenen Geschmack.

Für 500 ml
Zubereitung: 5 Minuten
Ziehen lassen: 15 Minuten
Kochzeit: 10 Minuten

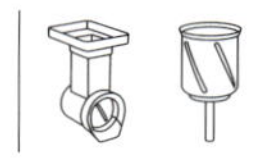

1 kleine Zwiebel
1 Gewürznelke
12 schwarze Pfefferkörner
1 Lorbeerblatt
1 Muskatblüte
4 Petersilienstängel
500 ml Milch
25 g Butter
25 g Mehl
Salz und frisch geriebener weißer Pfeffer

Die Zwiebel mit der Schneidetrommel am Gemüseschneider auf Stufe 4 in einen Kochtopf schneiden. Gewürznelke, Pfefferkörner, Lorbeerblatt, Muskatblüte, Petersilienstängel und Milch beigeben. Auf kleiner Flamme zum Kochen bringen, dann sofort vom Herd nehmen, abdecken und 15 Minuten lang ziehen lassen.

Die Milch durchseihen und die Gewürze entfernen. Die Butter in einem Topf mit schwerem Boden schmelzen, das Mehl einstreuen und alles gut durchrühren. Auf kleiner Flamme 2 Minuten kochen lassen, und dabei ständig rühren. Die Milch nach und nach hinzufügen und weiter rühren, bis die Sauce glatt ist. Die Béchamelsauce 5 Minuten auf kleiner Flamme kochen lassen, damit das Mehl auskocht und die Sauce dicker wird. Vom Herd nehmen und Gewürze Ihrer Wahl beifügen oder die Sauce im jetzigen Zustand verwenden. Die Béchamelsauce mit Frischhaltefolie abdecken, wenn Sie diese nicht sofort verwenden. Dies verhindert, dass sich beim Abkühlen eine Haut auf der Oberfläche bildet.

01

02

03

01

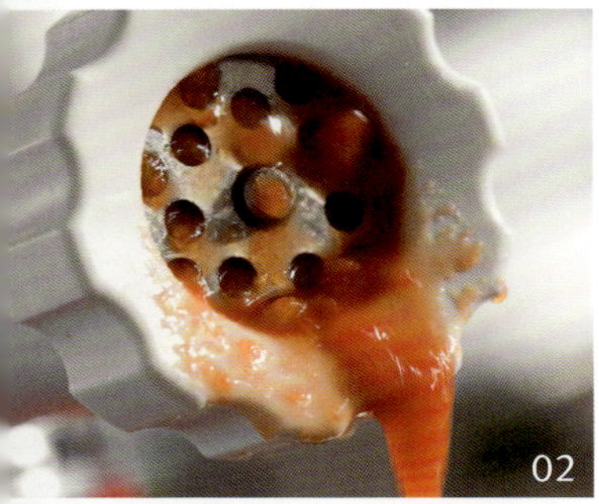
02

03

04

05

Tomatensauce (01 & 02)

Jeder Koch braucht ein Rezept für eine gute Tomatensauce. Es ist die Basis für so viele Gerichte: Pastasaucen, Pizzagarnierungen, Eintopfgerichte und sogar Suppen.

Für 4 Portionen
Zubereitung: 5 Minuten
Kochzeit: 50 Minuten

2 Zwiebeln
1 Stangensellerie
1 Karotte
2 Knoblauchzehen
100 ml Olivenöl
1 kg reife Pflaumentomaten oder 800 g geschälte Tomaten aus der Dose.
1 TL getrockneter Oregano
¼ TL Chili-Flocken (wahlweise)
1 Lorbeerblatt
1 Rosmarinzweig
2 EL Tomatenpüree
Eine Prise Zucker (wahlweise)
Salz und frisch gemahlener schwarzer Pfeffer

Das Gemüse und den Knoblauch mit der mittelgroben Raspeltrommel am Gemüseschneider auf Stufe 4 klein schneiden. Das Olivenöl in einem großen Kochtopf erhitzen und das Gemüse und den Knoblauch 5 Minuten lang sautieren, bis alles weich ist. Die Tomaten in der Mengschüssel mit der groben Mahlscheibe am Fleischwolf auf Stufe 4 pürieren. Mit den Kräutern und dem Tomatenpüree in den Kochtopf geben. Falls nötig eine Prise Zucker hinzufügen. Abschmecken und 45 Minuten lang köcheln lassen, bis die Sauce eingedickt ist und sich das Aroma entwickelt hat.

Sauce Bolognese (03, 04 & 05)

Ragù oder Sauce Bolognese ist eine grobe Fleischsauce, die üblicherweise mit Tagliatelle serviert wird. Sie können sie jedoch auch als Füllung für Lasagne, Cannelloni oder Ravioli verwenden. Die Zugabe von Sternanis ist durch das Rezept von Heston Blumenthal inspiriert.

Für 4 Portionen
Zubereitung: 10 Minuten
Kochzeit: 1 Stunde 15 Minuten

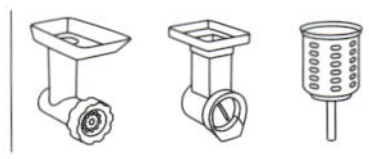

75 g Pancetta
250 g mageres Rindfleisch
2 EL Olivenöl
25 g Butter
1 rote Zwiebel
1 Stangensellerie
1 Karotte
1 Knoblauchzehe
1 Sternanis
100 g gehackte Tomaten aus der Dose
400 g geschälte Pflaumentomaten aus der Dose
50 ml Rinderbrühe
50 ml Rotwein
2 Lorbeerblätter
2 Zweige Thymian
Salz und frisch gemahlener schwarzer Pfeffer

Den Pancetta in dünne Streifen schneiden. Das halbe Olivenöl und die Butter in einem großen Kochtopf mit schwerem Boden erhitzen und den Pancetta sautieren, bis er goldbraun ist. Mit einem Schaumlöffel aus dem Topf nehmen und zur Seite stellen. Das Rindfleisch in Streifen schneiden, und dann in der Mengschüssel mit dem Fleischwolf mit der groben Mahlscheibe auf Stufe 4 zerkleinern. Das Rindfleisch in den Kochtopf geben und sautieren, bis es goldbraun ist. Aus dem Topf nehmen und ebenso zur Seite stellen.

Das Gemüse und den Knoblauch in einer Schüssel mit der groben Raspeltrommel am Gemüseschneider auf Stufe 4 klein schneiden. Das restliche Olivenöl und die Butter im Kochtopf erhitzen und das Gemüse und den Sternanis 5 Minuten lang sautieren, bis alles weich ist. Die gehackten und geschälten Tomaten, die Rinderbrühe, den Rotwein, die Kräuter und das angebratene Fleisch hinzufügen. Die Tomaten mit einer Gabel auseinander brechen.

Abschmecken und dann 1 Stunde lang köcheln lassen, bis die Sauce eingedickt ist und sich die Aromen entwickelt haben. Den Sternanis und die Kräuter entfernen und das Ragù wie gewünscht verwenden.

Nudelteig (01, 02, 03 & 04)

Hausgemachter Nudelteig kann schnell und einfach zubereitet werden. Verwenden Sie unbedingt italienisches '00'-Mehl, da gewöhnliches Mehl zu einem grauen und wenig ansprechenden Teig führt.

Für 450 g
Zubereitung: 10 Minuten
Ruhen lassen: 1 Stunde

300 g '00'-Mehl
3 Eier
1 EL Olivenöl

Mehl, Eier und Olivenöl in die Mengschüssel geben. Langsam mit dem Flachrührer auf Stufe 1 mischen, bis Sie eine homogene Masse erhalten. Jetzt mit dem Knethaken weitermachen, auf Stufe 2 steigern und 5 bis 8 Minuten kneten, bis der Teig glatt und geschmeidig ist. In Frischhaltefolie einwickeln und 1 Stunde lang ruhen lassen.

Befestigen Sie den Pasta-Roller am Mixer und stellen Sie den Einstellknopf auf 1. Den Teig in 4 Portionen schneiden und eine Portion auf Stufe 2 langsam durch den Roller führen. Auf ein Drittel falten und erneut durch den Roller führen. Diesen Vorgang vier- oder fünfmal wiederholen.

Wenn der Teig nicht mehr klebt, den Einstellknopf auf 2 stellen und die Pasta durchziehen. Den Teig dieses Mal nicht falten. Den Teig weiter durchrollen, zwei- oder dreimal bei jeder Einstellung, bis Sie die gewünschte Dicke erhalten. Portionen schneiden, mit einem Nudelholz ausrollen und den Teig in die gewünschte Form schneiden.

01

02

03

04

SAFRANPÜREE (01, 02 & 03)

Dieses Rezept wurde durch den französischen Starkoch Joël Robuchon inspiriert, dessen berühmtestes Gericht Kartoffelbrei mit sehr viel Butter und Milch ist. Nichts für Feiglinge! Ich habe die Milch weggelassen, und Safran hinzugefügt, was für ein wirklich luxuriöses Erlebnis sorgt.

Für 4 Portionen.
Zubereitung: 5 Minuten
Kochzeit: 20 Minuten

500g mehlige Kartoffeln
125 g weiche Butter
2-3 Kapseln Safransalz
und frisch gemahlener weißer Pfeffer

Die Kartoffeln schälen und in gleich große Stücke schneiden. Die Kartoffeln in Salzwasser kochen, bis sie weich sind. Die Kartoffel gut abtropfen lassen, wieder in den Kochtopf geben und auf kleiner Flamme austrocknen lassen. Die Kartoffeln in der Mengschüssel mit der feinen Mahlscheibe am Fleischwolf auf Stufe 4 pürieren. Die Butter und den Safran hinzufügen und mit dem Flachrührer auf Stufe 2 schlagen, bis sie gut vermengt und glatt sind. Abschmecken und mit weißem Fisch, wie beispielsweise Heilbutt oder Wolfsbarsch, servieren.

Variationen
Aligot
Den Safran weglassen und nur 25 g Butter verwenden. Die Butter in die Kartoffeln schlagen, gemeinsam mit 200 g fein geriebenem Cantal-Käse. Mit viel schwarzem Pfeffer würzen. Dieser Kartoffelbrei mit Käsegeschmack passt vorzüglich zu Lammbraten oder gedämpftem Gemüse.

Kartoffelbrei mit Olivenöl
Den Safran weglassen und die Butter durch 100 ml Milch und 100 ml Olivenöl Extra Virgine ersetzen. Mit schwarzem Pfeffer abschmecken. Dieser Kartoffelbrei passt besonders gut zu Fisch und Meeresfrüchten.

MÜRBETEIG (04 & 05)

Dieses Rezept ist für Mürbeteig ('pâte brisée') und enthält halb so viel Butter wie Mehl. Es eignet sich daher perfekt für pikante und süße Torten. Im letzteren Fall verwenden Sie bitte die süße Version. Mürbeteig wird stets mit der „Brösel"-Methode zubereitet.

Für rund 300 g
(genug für 1 große Torte oder für 6 kleine Törtchen)
Zubereitung: 10 Minuten
Abkühlen: 30 Minuten

200 g Mehl
¼ TL Salz
2 EL Puderzucker (für süßen Mürbeteig)
100 g kalte Butter
1 verquirltes Ei
1 TL Zitronensaft
1-2 EL geeistes Wasser

Das Mehl, das Salz und den Puderzucker (falls Sie diesen verwenden) in die Mengschüssel geben. Die Butter würfeln und in die Schüssel beigeben. Mit dem Flachrührer auf Stufe 2 mischen, bis die Mischung wie Brösel aussieht.

Ei, Zitronensaft und das geeiste Wasser hinzufügen. Weiterkneten, bis sich ein glatter Teig bildet. Auf eine leicht bemehlte Fläche geben und kurz durchkneten. Eine Kugel formen, in Frischhaltefolie einwickeln und mindestens 30 Minuten abkühlen lassen.

Butterteig (01 & 02)

Dieses Rezept ist für Sandteig ('pâte sablée') und enthält sehr viel Butter – ideal für Plätzchen. Es wird mit der „Aufrahm"-Methode zubereitet. Sie können das Grundrezept durch Beigabe von Zitronenschale, Vanille, geriebenen Nüssen und sogar fein gehackten Kräutern, wie beispielsweise Rosmarin oder Thymian variieren.

Für rund 350 g
(genug für 1 große Torte oder für 6 kleine Törtchen)
Zubereitung: 10 Minuten
Abkühlen: 2 Stunden

100 g weiche Butter
75 g Puderzucker
1 Eigelb
½ TL Vanilleextrakt
150 g Mehl

Die Butter und den Puderzucker in der Mengschüssel mit dem Flachrührer auf Stufe 2 schlagen, bis sie sahnig und gut vermischt ist. Das Eigelb und die Vanille hinzufügen und 10 Sekunden mischen. Das Mehl durchsieben und auf Stufe 1 zugeben, bis der Teig sich verbindet. Auf eine bemehlte Fläche stürzen und zu einer Kugel formen. Den Teig in Frischhaltefolie einwickeln und mindestens 2 Stunden abkühlen lassen.

Buttergebäck mit Zitrone und Fenchel (03, 04, & 05)

Das Hinzufügen von Speisestärke macht dieses Buttergebäck sehr knusprig. In einem Kunststoffbehälter hält dieses Buttergebäck bis zu einer Woche. Wenn Sie möchten, können Sie auch gesalzene Butter verwenden. Dies verleiht dem Buttergebäck ein zartes und erfrischend anderes Aroma.

Für 24-30 Stück.
Zubereitung: 10 Minuten
Aufgehen lassen: 1 Stunde
Backzeit: 15 Minuten

225 g weiche Butter
Geriebene Schale von 2 Zitronen
115 g Zucker
1 TL Fenchelkörner
225 g Mehl
115 g Speisestärke

Den Ofen auf 170°C/Gas Stufe 3 vorheizen. Die Butter und die Zitronenschale in die Mengschüssel geben. Den Zucker und die Fenchelkörner in einer Kaffeemühle mahlen. In die Mengschüssel geben und mit dem Flachrührer auf Stufe 6 mischen, bis die Masse blass und flaumig ist.

Das Mehl und die Speisestärke in die Mengschüssel sieben. Mit dem Flachrührer auf Stufe 2 mixen, bis Sie einen glatten Teig erhalten. Herausnehmen und eine Kugel formen. In Frischhaltefolie einwickeln und 1 Stunde lang – oder bis der Teig fest genug zum Ausrollen ist – auskühlen lassen.

Den Teig auf einer leicht bemehlten Fläche ausrollen und mit einer Ausstechform Ihrer Wahl ausstechen. Diese Formen auf ein mit Backpapier belegtes Backblech geben. 15 Minuten lang backen, bis das Buttergebäck eine leicht goldbraune Farbe hat. Auf einem Drahtgitter abkühlen lassen.

Variationen
Buttergebäck mit Mohn
Die Zitronenschale und die Fenchelkörner durch 1 Esslöffel Mohn ersetzen.

Buttergebäck mit Ingwer
Die Zitronenschale und die Fenchelkörner durch 50 g gehackten Ingwer ersetzen.

01

02

03

04

05

01

02

03

Schneller Blätterteig (01)

Schneller Blätterteig ist einfacher herzustellen als gewöhnlicher Blätterteig (Puff pastry), aber der Geschmack ist ebenso butterig und die Textur ebenso knusprig. Blätterteig lässt sich auch gut einfrieren.

Für rund 400 g
Zubereitung: 20 Minuten
Abkühlen: 2 Stunden

225 g Mehl
Prise Salz
150 g Butter
Ungefähr 100 ml gekühltes Wasser

Das Mehl und das Salz in die Mengschüssel sieben. 45 g Butter würfeln und über das Mehl streuen. Mit dem Flachrührer auf Stufe 2 mischen, bis die Mischung wie Brösel aussieht. Das Wasser nach und nach auf Stufe 1 in die Mischung einrühren, bis Sie einen weichen Teig erhalten. In Frischhaltefolie einwickeln und 30 Minuten lang abkühlen lassen.

Den Teig auf einer leicht bemehlten Fläche zu einem Rechteck von 30 cm x 10 cm ausrollen. 35 g Butter in sehr kleine Würfel schneiden und diese gleichmäßige über die oberen zwei Drittel des Teigs streuen. Rund um die Kanten einen ausreichenden Rand lassen. Das untere Drittel des Teigs nach oben und über die Butter falten, dann das obere Drittel nach unten über das Ganze falten. Die zwei offenen Seiten des Päckchens mit einem Nudelholz andrücken, um die Butter abzudichten. In Frischhaltefolie wickeln und 10 Minuten abkühlen lassen.

Den Teig um 180° drehen. Das Rollen und Falten einmal wiederholen, ohne Hinzufügung von Butter, und dann 10 Minuten lang einwickeln und abkühlen lassen. Den Teig noch zweimal rollen und falten, und jedes Mal 35 g klein gewürfelte Butter hinzufügen. 10 Minuten lang einwickeln und abkühlen lassen. Den Teig ein letztes Mal rollen und falten, ohne Butter hinzuzufügen. Vor der Weiterverarbeitung mindestens 1 Stunde einwickeln und abkühlen lassen.

Brandteig (02 & 03)

Brandteig verdoppelt bei der Zubereitung seine Größe, lassen Sie also genug Platz, wenn Sie ihn auf das Backblech legen. Wenn man ein Glas Wasser in den Ofen gießt, während der Brandteig backt, wird Dampf erzeugt und dies hilft dem Brandteig beim Aufgehen. Brandteig kann sowohl für süßes als auch pikantes Gebäck verwendet werden.

Für 300 g
(genug für 30 kleine Stücke oder für 15 Eclairs)
Zubereitung: 15 Minuten

150 g Mehl
1 TL Zucker
½ TL Salz
100 g Butter
125 ml Milch
125 ml Wasser
4 Eier

Sieben Sie Mehl, Zucker und Salz in eine Schüssel oder auf Pergamentpapier. Butter und Milch mit dem Wasser auf kleiner Flamme erwärmen, bis die Butter geschmolzen ist. Die Hitze steigern und sobald die Flüssigkeit stark kocht, das ganze Mehl auf einmal dazugeben. Kräftig schlagen, bis man einen gleichmäßigen Teig bekommt. Auf kleiner Flamme weiter schlagen, bis die Mischung eine Kugel bildet und sich vom Topf löst. Dies dauert ungefähr 30 Sekunden.

Vom Herd nehmen und den Inhalt des Topfs in den Mixbehälter geben. 2 Minuten abkühlen lassen. Die Eier nach und nach mit dem Flachrührer auf Stufe 4 einschlagen, bis Sie einen glänzenden Teig bekommen; sie brauchen möglicherweise nicht alle Eier. Der Teig ist fertig, wenn er an der Rückseite eines Kochlöffels haften bleibt.

Strudelteig (01 & 02)

Strudelteig ist nicht schwierig, weil Sie sich keine Sorgen machen müssen, dass der Teig hart wird. Sie benötigen jedoch eine große Arbeitsfläche zum Ausrollen. Mit diesem Teig können Sie süße und pikante Strudel zubereiten, oder ihn wie Filoteig verwenden.

Genügend für 1 Strudel
Zubereitung: 10 Minuten
Aufgehen lassen: 30 Minuten

300 g Mehl
1 TL Salz
2 Eigelbe
3 EL Sonnenblumenöl
125 ml Wasser

Das Mehl und das Salz in die Mengschüssel sieben und mit dem Knethaken auf Stufe 1 mixen. Eigelb und Sonnenblumenöl mit dem Wasser mischen. Mit dem Knethaken auf Stufe 1 zum Mehl hinzufügen, und zu einem weichen und klebrigen Teig kneten. Nötigenfalls bis zu 2 Esslöffel Wasser hinzufügen. 4 bis 5 Minuten lang auf Stufe 2 weiterkneten, bis der Teig weich und geschmeidig ist. Abdecken und 30 Minuten lang rasten lassen.

Vanillesauce (03 & 04)

Obwohl sie besser unter ihrem französischen Namen „Crème Anglaise" bekannt ist, wurde diese Sauce von den Engländern erfunden. Sie ist eine klassische süße Sauce und kann auf unzählige Arten aromatisiert werden.

Für 350 ml
Zubereitung: 10 Minuten
Ziehen lassen: 20 Minuten
Kochzeit: 15 Minuten

250 ml Milch
250 ml Sahne mit hohem Fettgehalt
1 Vanilleschote
5 Eigelb
50 g Zucker

Milch und Sahne mit der in Längsrichtung aufgeschnittenen Vanilleschote zum Kochen bringen. Vom Herd nehmen und 20 Minuten ziehen lassen. Eigelb und Zucker in der Mengschüssel mit dem Schneebesen auf Stufe 6 2 Minuten lang schlagen, bis die Masse sehr blass und dick ist.

Milch und Sahne wieder zum Kochen bringen, die Vanilleschote herausnehmen und langsam in die geschlagene Mischung gießen. Mit dem Schneebesen bei Stufe 1 mixen, bis alles gut verschmolzen ist. Die Creme wieder in den Kochtopf geben und auf kleiner Flamme unter ständigem Rühren kochen, bis die Creme eindickt und an der Rückseite eines Kochlöffels haften bleibt. Warm oder kalt servieren. Wenn Sie die Sauce kalt servieren, geben Sie diese in eine Schüssel und decken Sie die Oberfläche mit Frischhaltefolie ab, um zu verhindern, dass sich beim Abkühlen eine Haut an der Oberfläche bildet.

Variationen
Lorbeerblatt- und Orangencreme
Kochen Sie die Milch und Sahne mit der Schale von 1 Orange und 2 frischen Lorbeerblättern anstatt der Vanilleschote. Wie oben beschrieben fortfahren.

Safran- und Orangenblütencreme.
Kochen Sie die Milch und Sahne mit einer reichlichen Prise Safranfäden anstelle der Vanilleschote. Wie oben beschrieben fortfahren. Das Orangenblütenwasser am Ende zum Abschmecken unterrühren.

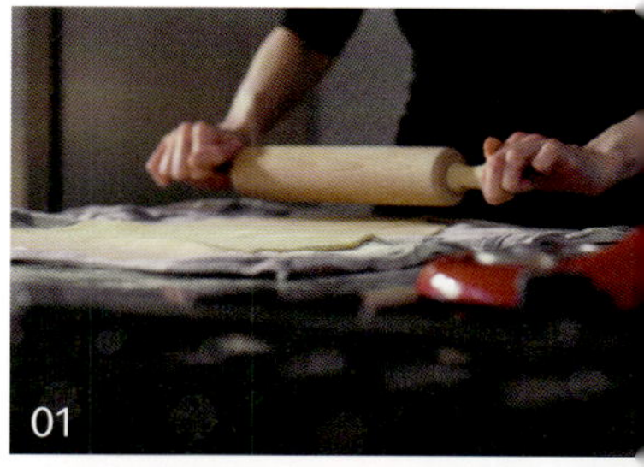
01

02

03

04

01

02

03

04

VANILLECREME (01 & 02)

Diese Crème Pâtissière ist ein klassisches Rezept, das nach Ihren Wünschen aromatisiert werden kann. Zur Verwendung in Torten, Windbeuteln, Mousse, als Füllung für Kuchen usw.

Für 500 ml
Zubereitung: 10 Minuten
Ziehen: 20 Minuten
Backzeit: 15 Minuten

500 ml Milch
1 Vanilleschote
6 Eigelbe
125 g Zucker
40 g Mehl oder Speisestärke

Die Milch mit der aufgeschnittenen Vanilleschote zum Kochen bringen. Vom Herd nehmen und 20 Minuten ziehen lassen. Eigelb in die Mengschüssel geben, und 2 Minuten lang mit dem Schneebesen auf Stufe 6 schlagen, bis die Masse sehr blass und dick ist. Das Mehl oder die Speisestärke einsieben und schlagen, bis alles gut vermengt ist.

Die Milch erneut zum Kochen bringen, die Vanilleschote herausnehmen und langsam in die Mischung geben. Mit dem Schneebesen bei Stufe 1 mixen, bis alles gut verschmolzen ist. Die Creme wieder in den Kochtopf geben und auf kleiner Flamme kochen. Dabei mit einem Kochlöffel rühren, bis die Creme aufkocht und zu eindicken beginnt. 1 Minute unter ständigem Rühren leicht köcheln lassen, um das Mehl auszukochen. Vom Herd nehmen, in eine Schüssel geben und die Oberfläche mit Frischhaltefolie abdecken, um zu verhindern, dass sich beim Abkühlen eine Haut an der Oberfläche bildet.

ECHTES VANILLEEIS (03 & 04)

Dies ist ein praktisches Grundrezept, das Sie für jede beliebige Eissorte verwenden können. Nachfolgend einige Vorschläge.

Für 4-6 Portionen
Zubereitung: 5 Minuten
Ziehen lassen: 30 Minuten
Kochzeit: 15 Minuten
Tiefkühlen: über Nacht

1 Vanilleschote
300 ml Milch
4 große Eigelbe
100 g Zucker
300 ml Sahne mit hohem Fettgehalt

Schneiden Sie die Vanilleschote in Längsrichtung auf und schaben Sie die Samen heraus. Die Samen und die Schote in einen Kochtopf geben. Die Milch hinzufügen und zum Kochen bringen. Sofort vom Herd nehmen, abdecken und 30 Minuten lang ziehen lassen.

Eigelb und Zucker in der Mengschüssel mit dem Schneebesen auf Stufe 6 schlagen, bis die Masse blass und dick ist. Die Milch wieder zum Kochen bringen, das Eigelb dazugeben und auf Stufe 4 schlagen, bis alles glatt ist.

Den Kochtopf ausspülen und die Vanillecreme wieder in den Topf geben. Auf kleiner Flamme rühren, bis die Creme dicker wird und an der Rückseite eines Kochlöffels haften bleibt. In eine Schüssel durchseihen und mit Frischhaltefolie abdecken, um zu verhindern, dass sich eine Haut bildet. Abkühlen.

Wenn die Creme vollständig abgekühlt ist, die Sahne einrühren und in die Tiefkühlschüssel geben. Mit dem Dasher auf Stufe 2 aufschäumen, bis die Masse fast fest ist. In einen Tiefkühlbehälter löffeln und über Nacht tiefkühlen. Am nächsten Tag vor dem Servieren 20 Minuten in den Kühlschrank stellen, damit das Eis weicher wird.

Variationen

Karamelleis

Die Menge Zucker verdoppeln und mit 75 ml Wasser karamellisieren. Die Milch mit der Vanille ziehen lassen, die Vanilleschote jedoch ganz lassen. Über das Karamell gießen, jedoch vorsichtig: Die Mischung wird gerinnen und erstarren. Leicht aufwärmen, bis das Karamell wieder weich ist, und dann mit dem Rezept wie oben beschrieben fortfahren.

Weißes Schokoladeeis

Die Creme wie oben beschrieben zubereiten, aber 6 Eigelbe anstelle von 4 Eigelben verwenden. Dann die Creme auf 125 g geriebene weiße Schokolade geben und glatt rühren. Durchseihen, dann abkühlen und wie oben beschrieben fortfahren.

SCHOKOLADENGANACHE (01, 02 & 03)

Dieses Rezept ist für eine weiche Ganache für Füllungen oder zum Glasieren. Für eine feste Ganache, die sich zur Zubereitung von Schokoladetrüffeln eignet, die Grundmenge von Schokolade um ein Drittel erhöhen.

Für 250 ml
Zubereitung: 2 Minuten
Kochzeit: 5 Minuten

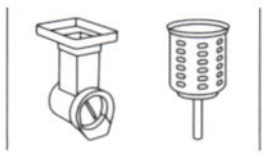

150 g Zartbitterschokolade (70 %)
100 ml Sahne mit hohem Fettgehalt

Die Schokolade mit der groben Raspeltrommel am Gemüseschneider auf Stufe 4 reiben. In eine hitzefeste Schüssel geben. Die Creme auf kleiner Flamme zum Kochen bringen. Die Schokolade eingießen und 2 Minuten stehen lassen, dann leicht rühren, bis die Schokolade geschmolzen ist. Abkühlen lassen.

Variationen

Vollmilchschokolade- und Muskatnuss-Ganache

Die Zartbitterschokolade durch 165 g Vollmilchschokolade ersetzen und ¼ bis ½ Teelöffel frisch geriebene Muskatnuss hinzufügen.

Ganache aus weißer Schokolade und Rosenlikör

Die Zartbitterschokolade durch 175 g weiße Schokolade ersetzen, und 1 bis 2 Esslöffel Rosenlikör hinzufügen, wenn die Ganache noch warm, aber nicht mehr heiß ist.

01

02

03

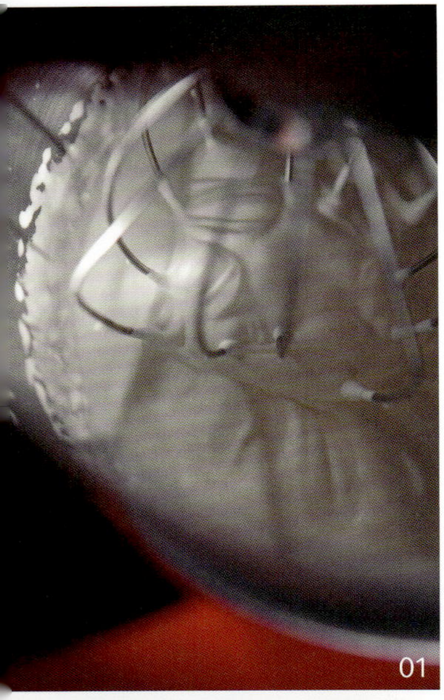

01

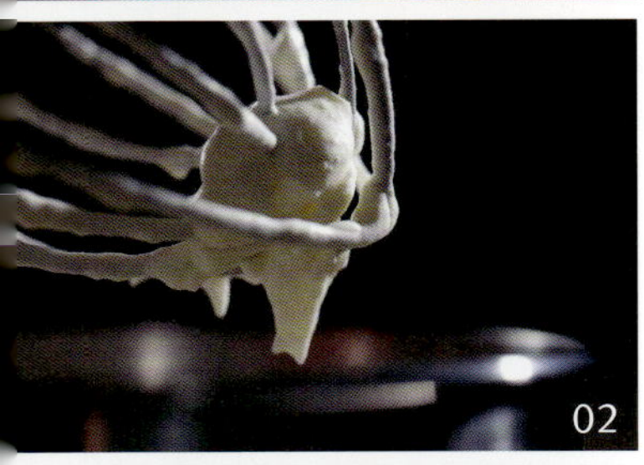

02

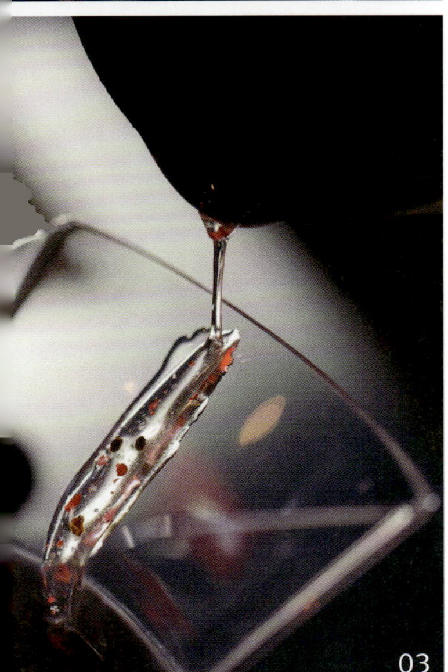

03

Syllabub mit Gin und Tonic (01 & 02)

Dies ist die englische Antwort auf „Crème Chantilly". Syllabub ist gleichzeitig scharf und flaumig. Der Gin und der Sekt können natürlich durch Alkohol, Likör oder Wein Ihrer eigenen Wahl ersetzt werden. Der Syllabub kann sofort serviert werden, hält sich aber auch 2 bis 3 Tage im Kühlschrank.

Für 4 Portionen
Ruhen lassen: 2 Stunden
Backzeit: 5 Minuten

Saft von 1 Zitrone
Geriebene Schale von 2 Zitronen
2 EL Gin in guter Qualität
50 g Zucker
200 ml Sahne mit hohem Fettgehalt
100 ml süßer Sekt

Den Zitronensaft und die Zitronenschale, den Gin und den Zucker in eine Schüssel geben und rühren, bis sich der Zucker aufgelöst hat. Mindestens 2 Stunden stehen lassen.

Die Creme in der Mengschüssel mit dem Schneebesen auf Stufe 6 schlagen, bis er gerade seine Form hält. Den Sekt nach und nach auf Stufe 4 einrühren - nicht zu schnell einrühren, da die Creme sonst gerinnt. Auf Stufe 2 reduzieren und die Zitronen-/Zuckermischung beigeben. Weiterschlagen, bis der Syllabub dick und flaumig ist.

Italienische Baisers mit rosa Pfeffer (03)

Diese Baisers werden mit einem warmen Zuckersirup zubereitet, im Gegensatz zu französischen Baisers, die mit Kristallzucker zubereitet werden. Verwenden Sie dieses Grundrezept und aromatisieren Sie die Baisers mit jedem beliebigen Aroma. Sie können die Baisers mit Schlagsahne, Syllabub (siehe S. 28) oder Schokolade-Ganache (siehe S. 27) zusammenstellen.

Für 24-30 Stück
Zubereitung: 15 Minuten
Backzeit: 1 Stunde 30 Minuten

120 g Zucker
1 TL Flüssigdextrose (in der Apotheke erhältlich)
1 TL grob geriebene rosa Pfefferkörner
2 große Eiweiße
2 EL Wasser

Den Ofen auf 110°C/Gas Stufe 1/4 vorheizen. Zucker, die Dextrose und rosa Pfeffer mit dem Wasser in einen Kochtopf mit schwerem Boden geben. Auf kleiner Flamme zum Kochen bringen und gelegentlich rühren, bis sich der Zucker aufgelöst hat. Den Sirup ununterbrochen kochen, bis er 115°C auf dem Zuckerthermometer erreicht. Dies dauert rund 5 bis 7 Minuten.

In der Zwischenzeit das Eiweiß mit dem Schneebesen auf Stufe 4 in der Mengschüssel schlagen. Nach einiger Zeit auf Stufe 8 steigern, bis sich leichte Spitzen bilden. Auf Stufe 2 reduzieren und den Zuckersirup langsam eingießen. Achten Sie darauf, dass Sie den Sirup auf das Eiweiß gießen und nicht auf den Schneebesen. Weiter schlagen, bis der ganze Sirup eingearbeitet ist und der Baiser fest und glänzend ist. Weiter schlagen, bis der Baiser völlig kalt ist.

Die Masse in einen Spritzbeutel mit einer kleinen sternförmigen Tülle füllen und kleine Baisers auf einen Silikonbogen ziehen. 1,5 Stunden backen, bis sich das Baiser trocken anfühlt und einfach vom Silikonbogen aufgehoben werden kann. Den Ofen ausschalten, und die Baisers im Ofen stehen lassen, bis sie völlig abgekühlt sind. In eine luftdichte Blechdose geben.

Mont-Blanc-Makronen (01, 02 & 03)

Diese kleinen Mandelplätzchen können nach Ihren Wünschen aromatisiert und gefüllt werden. Die Aromen der Makronen in diesem Rezept spiegeln ein klassisches französisches Dessert wider: Mont Blanc oder knuspriges Baiser, gefüllt mit Schlagsahne und Kastanienpüree.

Für 40 Makronen
Zubereitung: 10 Minuten
Aufgehen lassen: 15 Minuten
Kochzeit: 25 Minuten

1 Vanilleschote
4 Eiweiß
Eine Prise Weinstein
25 g Zucker
225 g Puderzucker
125 g geriebene Mandeln
200 g Kastanienpüree zum Füllen

Den Ofen auf 150°C/Gas Stufe 2 vorheizen. Zwei Backbleche mit Pergamentpapier oder Silikonbögen auskleiden. Die Vanilleschote aufschneiden, und die Samen in die Mengschüssel geben. Das Eiweiß hinzufügen und mit dem Schneebesen auf Stufe 4 schaumig schlagen. Auf Stufe 8 steigern und den Weinstein einschlagen, bis sich leichte Spitzen bilden. Auf Stufe 4 reduzieren und den Zucker hinzufügen, dann erneut auf Stufe 8 schlagen, bis das Baiser fest ist.

Den Puderzucker und die geriebenen Mandeln zweimal sieben, dann vorsichtig mit einem großen Metalllöffel in das Baiser einrühren. Der Teig sollte glatt und glänzend sein. Einen Spritzbeutel mit einer glatten Düse von 1 cm füllen und kleine Häufchen mit einem Durchmesser von 2 cm auf die Bachbleche spritzen. 2,5 cm Abstand zwischen den Makronen lassen, da sie sich während des Backens vergrößern. Sie können auch einen Teelöffel verwenden, um Häufchen auf dem Backblech zu machen. Sie sollten 80 kleine Häufchen bekommen, genug für 40 gefüllte Makronen. 15 Minuten lang rasten lassen.

Die Makronen 20 bis 25 Minuten lang backen. Die Makronen sind fertig, wenn sie aufgegangen sind und sich trocken und fest anfühlen. 2 bis 3 Minuten lang abkühlen lassen, bevor man die Makrone vom Pergamentpapier nimmt. Vollständig abkühlen lassen, bevor man sie mit Kastanienpüree füllt.

01

02

03

Daiquiri mit gefrorenen Himbeeren, Rosen und Minze

Zu einem echten Daiquiri gehören Rum, Limonensaft und Zuckersirup. Sie können jedoch alle beliebigen Obstsorten hinzufügen und sie mit verschiedenen Kräutern oder Aromastoffen kombinieren – für das gewisse Etwas ...

2 Portionen
Zubereitung: 10 Minuten

125 g Himbeeren
2 EL Rosenlikör
6 große Minzeblätter
4 EL weißer Rum
1 EL Rosenwasser
Saft von 2 Limonen
1 Kugel Himbeersorbet
Eiswürfel zum Servieren

Die Himbeeren in den Blender geben und auf Stufe rühren. Das Himbeerpüree durch ein feines Sieb sieben und dann wieder in den Blender geben. Die restlichen Zutaten hinzufügen und auf Stufe mischen, bis alles glatt ist. Über Eiswürfel in zwei Cocktailgläser füllen und sofort servieren.

Blutorangen- und Chili-Margarita

Ein Margarita wird normalerweise mit Limonensaft zubereitet, aber Blutorange verleiht eine süßsaure Note sowie eine phantastische Farbe. Verwenden Sie wenn möglich frischen Saft. Der Chili-Sirup verleiht einen faszinierenden Hauch Wärme.

Für 4 Portionen
Zubereitung: 10 Minuten

1 Limone
Meersalzflocken
60 ml Tequila
60 ml Triple Sec (z.B. Cointreau)
80 ml Limonensaft
120 ml Blutorangensaft
18 Eiswürfel

Chili-Sirup:
200 g Zucker
100 ml Wasser
1-2 Bird's-eye Chillies

Zuerst den Chili-Sirup zubereiten. Den Zucker mit dem Wasser und dem geschnittenen Chili (oder den Chillies) in einen Kochtopf geben. Langsam zum Kochen bringen, und dann 5 Minuten lang köcheln lassen. Die Limone halbieren und um den Rand von vier Cocktailgläsern führen. Die Gläser in Salzflocken eintauchen und zur Seite stellen.

Tequila, Cointreau, 2 Esslöffel Chili-Sirup, Limonen- und Blutorangensaft mit den Eiswürfeln in den Blender geben. Auf Stufe verflüssigen, bis alles gut vermischt ist. In die vorbereiteten Gläser gießen und sofort servieren.

Limonade mit Rosenwasser und Zitronenmelisse

Nichts ist so befriedigend, wie seine eigene Limonade zu machen. Der frische Geschmack wird Sie immer wieder zu diesem Rezept zurückführen.

Für 4 Portionen
Zubereitung: 10 Minuten
Kochzeit: 5 Minuten
Ziehen lassen: 15 Minuten

100 g Zucker
6 Zweige Zitronenmelisse
1 Limettenblatt
100 ml Wasser
6-8 saftige Zitronen
1 EL Rosenwasser
500 ml kaltes Wasser

Zucker, Zitronenmelisse und das Limettenblatt mit dem Wasser in einen kleinen Kochtopf geben. Langsam zum Kochen bringen und rühren, bis sich der Zucker aufgelöst hat. 5 Minuten lang leicht köcheln lassen, bis der Sirup etwas eingedickt ist. Vom Herd nehmen und 15 Minuten lang ziehen lassen. Dann abkühlen lassen.

Die Zitronen mit der Zitruspresse auf Stufe 4 auspressen – dies sollte 250 ml Zitronensaft ergeben. Den Zitronensaft in den abgekühlten und durchgeseihten Zitronenmelissensirup geben und das kalte Wasser hinzufügen. Das Rosenwasser einmischen und vor dem Servieren gründlich abkühlen lassen.

Bruschetta mit Pilzen und Knoblauch

Bruschetta ist ein italienischer Toast, eingerieben mit Knoblauch und belegt mit gegrilltem oder rohem Gemüse, Käse und/oder Kräutern. Er passt hervorragend zu Getränken.

Für 6 Portionen
Zubereitung: 5 Minuten
Backzeit: 20 Minuten

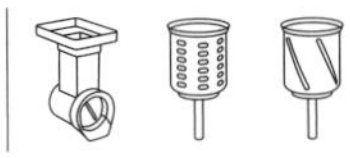

6 Schalotten
4 Knoblauchzehen
450 g Pilze
3 EL Olivenöl
100 ml trockener Weißwein
3 EL fein gehackter Rosmarin
6 EL Mascarpone
12 Scheiben Ciabatta
Gehobelter Parmesan zum Garnieren
Salz und frisch gemahlener schwarzer Pfeffer

Schalotten und 3 Knoblauchzehen mit der groben Raspeltrommel am Gemüseschneider auf Stufe 4 hacken. Die Pilze mit der Schneidetrommel schneiden. Das Olivenöl in einer großen Bratpfanne erhitzen und die Schalotten und den Knoblauch 5 Minuten sautieren, bis sie weich sind. Pilze hinzufügen und 10 Minuten auf großer Flamme sautieren, bis sie goldbraun sind.

Den Wein hinzufügen und reduzieren. Mascarpone und Rosmarin einrühren, dann abschmecken und vom Herd nehmen.

Die Ciabatta-Scheiben toasten und die letzte Knoblauchzehe halbieren. Eine Seite jedes Toastes mit der Schnittfläche des Knoblauchs einreiben. Das Brot mit der Pilzmischung belegen und mit einigen Parmesanspänen garnieren. Sofort servieren.

Crostini mit Schokolade-Tapenade

Tapenade ist eine provenzalische Olivenpaste, die traditionellerweise mit Kapern und Anchovis zubereitet wird. In diesem Rezept wird dahingegen Zartbitterschokolade verwendet.

Für 6 Portionen
Zubereitung: 10 Minuten

60 g Zartbitterschokolade (70%)
300 g entkernte schwarze Oliven
1 Thymianzweig
5 EL Olivenöl
24 Scheiben Baguette
100 g reifer Ziegenkäse
Frisch gemahlener schwarzer Pfeffer

Die Schokolade schmelzen. Die Oliven und Thymianblätter im Blender mixen. Bei laufendem Motor nach und nach das Olivenöl und die geschmolzene Schokolade beigeben, bis die Mischung eine streichfähige Konsistenz aufweist. Pfeffern, in eine Schüssel geben, abdecken und stehen lassen. Die Baguette-Scheiben leicht auf beiden Seiten toasten, bis sie knusprig sind und mit der Tapenade bestreichen. Den Ziegenkäse darüber krümeln und sofort servieren.

Blinis mit Sauerrahm, Roter Bete und mariniertem Räucherlachs

Für 6 Portionen
Zubereitung: 40 Minuten
Ruhen lassen: über Nacht
Aufgehen lassen: 1 Stunde
Backzeit: 35 Minuten

100 g Buchweizenmehl
100 g Mehl
7 g Trockenhefe
1 EL Zucker
½ TL Salz
300 ml warme Milch
2 Eier
50 g geschmolzene Butter zum Braten

Mit Rote Bete marinierter Lachs:
400 g Lachsfilet ohne Haut
1 ½ EL Meersalz
2 TL Zucker
3 EL gehackte Dille
75 ml Wodka
125 g gekochte Rote Bete
200 g Sauerrahm
Kaviar oder schwarzer Fischrogen zum Garnieren

Diese Buchweizenpfannkuchen mit Hefe werden traditionellerweise mit Sauerrahm und Kaviar serviert, schmecken aber ebenso gut mit geräuchertem oder mariniertem Lachs.

Beginnen Sie dieses Rezept einen Tag im Vorhinein und bereiten Sie den mit Rote Bete marinierten Lachs zu. Den Lachs spülen und mit Küchenrolle trocken tupfen. Salz, Zucker und Dill vermengen und den Lachs damit einreiben. Den Lachs in eine flache Schale geben und den Wodka darüber gießen. Abdecken und mindestens 4 Stunden oder über Nacht stehen lassen. Einmal umdrehen.

Am nächsten Tag die Rote Bete mit der mittelgroben Raspeltrommel am Gemüseschneider auf Stufe 4 raspeln. Den Lachs aus der Marinade nehmen und die geriebene Rote Bete in die Marinade einrühren. Den Lachs wieder in die Marinade geben und weitere 6 Stunden ziehen lassen.

Buchweizenmehl, Mehl, Hefe, Zucker und Salz in die Mengschüssel geben. Die Eier trennen. Milch und Eigelb mit dem Schneebesen auf Stufe 4 in die trockenen Zutaten einrühren, bis die Masse glatt ist. Abdecken und bei Zimmertemperatur 1 Stunde lang – oder bis sich das Volumen verdoppelt hat – aufgehen lassen.

Die Masse in eine andere Schüssel geben. Die Mengschüssel und den Schneebesen gründlich reinigen und abtrocknen. Die Eiweiße mit dem Schneebesen auf Stufe 8 sehr steif schlagen, dann in den Teig einrühren.

Etwas geschmolzene Butter in einer großen Bratpfanne auf mittlerer Hitze erwärmen. 4 Häufchen Teig – ungefähr 1½ Esslöffel pro Blini – in die Bratpfanne geben. Die Blinis auf einer Seite 45 Sekunden lang braten, dann vorsichtig umdrehen und weitere 30 Sekunden braten. Die Blinis aus der Bratpfanne nehmen und sie in einem leicht vorgeheizten Ofen warm halten. Den Rest der Blinis braten, dabei die Bratpfanne jedes Mal mit geschmolzener Butter bestreichen.

Den Lachs spülen und trocken tupfen, dann den Lachs in 5 mm große Würfel schneiden. Jeden Blini mit einem Klecks Sauerrahm garnieren und den Lachs darauf anrichten. Mit etwas Kaviar oder Fischrogen garnieren.

Geeiste Guacamole mit Kirschtomatensauce

Diese pikante Eiscreme ist eine neue Art, Guacamole zu servieren – ideal, um Gäste bei einem Sommerfest zu überraschen. Die Kälte der Eiscreme ist ein schöner Gegensatz zur Hitze des Chilis.

Für 4-6 Portionen
Zubereitung: 30 Minuten
Tiefkühlen: über Nacht

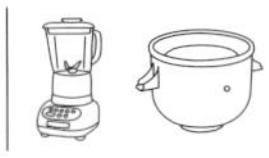

350 g Fleisch von reifen Avocados
1 roter Bird's-eye Chili
1 Knoblauchzehe
Saft von 2 Limonen
Geriebene Schale von 1 Limone
2 EL fein gehackter Koriander
½ TL Salz
1 EL Zucker
200 ml Sahne mit hohem Fettgehalt
Gesalzene Tortillachips zum Servieren

Salsa:
4 Frühlingszwiebeln
½ rote Zwiebel
12 Kirschtomaten
1 EL Olivenöl
Saft von ½ Limone
1 EL fein gehackter Koriander
Salz und frisch gemahlener schwarzer Pfeffer

Das Fruchtfleisch der Avocados in den Blender geben. Den Chili entkernen und in den Blender geben, gemeinsam mit Knoblauch, Limonensaft und -schale, Koriander, Salz, Zucker und Sahne. Auf Stufe pürieren, bis die Mischung gut vermengt ist, jedoch noch Chili- und Koriander-Sprenkel sichtbar sind. Die Mischung in die Tiefkühlschüssel geben und mit dem Dasher auf Stufe 1 rühren, bis die Masse nahezu fest ist. In einen Tiefkühlbehälter löffeln und über Nacht tiefkühlen.

Die Eiscreme am nächsten Tag vor dem Servieren 30 Minuten in den Kühlschrank stellen, damit das Eis weicher wird. In der Zwischenzeit die Frühlingszwiebeln, die rote Zwiebel und die Kirschtomaten schneiden. Mit Olivenöl, Limonensaft und Koriander vermischen. Abschmecken. Die Eiscreme in Cocktailgläser füllen und die Kirschtomatensauce darüber träufeln. Mit Tortillachips servieren.

Tzatziki mit Gurkengranita

Für 6-8 Portionen
Zubereitung: 25 Minuten
Abkühlen: 10 Minuten
Tiefkühlen: 4 Stunden

2 Salatgurken
1 TL Salz
1 TL getrockneter Oregano
450 g griechischer Joghurt
2 zerdrückte Knoblauchzehen
1 EL Weißweinessig
2 EL Olivenöl Extra Virgine
3 EL fein gehackte Minze
Frisch gemahlener schwarzer Pfeffer

Gurkengranita (wahlweise):
50 g Zucker
200 ml Wasser
1 EL fein gehackte Minze
1 kg Salatgurken
1 EL Zitronensaft
Prise Salz
Pittacroutons zum Servieren.

Diese griechische Dipsauce schmeckt köstlich mit Brot oder als Teil eines Mezze-Gerichtes mit Taramasalata (siehe S. 46) und Auberginenkaviar (siehe S. 48). Für eine elegantere Präsentation können Sie das Tzatziki in Gläsern mit Gurkengranita und Pittachips servieren.

Die Gurken mit der mittelgroben Raspeltrommel am Gemüseschneider auf Stufe 4 in die Mengschüssel raspeln. Mit Salz und Oregano bestreuen und 10 Minuten lang ziehen lassen. Die überschüssige Flüssigkeit abgießen, die Gurken in ein Sieb geben und sanft sämtliche Restflüssigkeit ausdrücken.

Die Gurken wieder in die Mengschüssel geben und den Joghurt mit dem Flachrührer auf Stufe 2 einrühren. Knoblauch, Essig, Olivenöl und Minze hinzufügen. Gut durchrühren und abschmecken. 10 Minuten lang ziehen lassen und servieren.

Gegebenenfalls die Gurkengranita zubereiten. Den Zucker mit dem Wasser in einen Kochtopf geben. Langsam zum Kochen bringen und rühren, bis sich der Zucker aufgelöst hat. Die Minze hinzufügen und auf kleiner Flamme 2 bis 3 Minuten lang köcheln lassen. Die Gurken schälen und entkernen, und auf Stufe im Blender verflüssigen. In einen tiefkühlfesten Behälter geben, Minzesirup, Zitronensaft und Salz unterrühren. Zuerst abkühlen, dann 2 Stunden lang tiefkühlen, bis die Granita an den Rändern fest ist.

Die Eiskristalle mit einer Gabel aufbrechen und in die Granita unterrühren. Erneut 30 Minuten in den Tiefkühler stellen und erneut mit der Gabel durchrühren. Dieses Tiefkühlen und Durchrühren wiederholen, bis die Granita flaumig ist, und auf das Tzatziki geben. Mit Pitta-Croutons servieren.

Taramasalata

Hausgemachte Taramasalata ist um so vieles schmackhafter und reizvoller als die kaugummifarbene Fertigversion. Und die Zubereitung ist ein Kinderspiel.

Für 8 Portionen
Zubereitung: 15 Minuten
Abkühlen: 1 Stunde

50 g geschnittenes Weißbrot
4 EL warmes Wasser
200 g Tarama (geräucherter Dorschrogen)
150 ml Olivenöl
Saft von 1 Zitrone
Fein gehackter Schnittlauch zum Garnieren (wahlweise)
Salz und frisch gemahlener schwarzer Pfeffer

Die Krusten vom Brot entfernen und das Brot in Stücke reißen. Das Wasser darüber gießen und 10 Minuten ziehen lassen. Das Brot in den Blender geben und kurz auf Stufe mixen. Das Tarama hinzufügen und erneut mixen, bis sich eine Paste bildet.

Bei laufendem Motor nach und nach das Olivenöl und den Zitronensaft beigeben, bis ein glattes Püree entsteht. Einen oder zwei Esslöffel heißes Wasser hinzufügen, falls das Taramasalata zu dick ist. In eine Schüssel geben und abschmecken; nicht zu viel Salz hinzufügen. Abdecken und 1 Stunde lang ziehen lassen. Kurz vor dem Servieren das Taramasalata kurz durchrühren und auf Wunsch mit Schnittlauch bestreuen. Mit Pitta-Brot servieren.

Auberginen-Kaviar

Dieses seidige Auberginenpüree – auch Melitzanosalata – schmeckt köstlich als Teil eines Mezze-Gerichts mit Taramasalata (siehe S. 46) und Tzatziki (siehe S. 44).

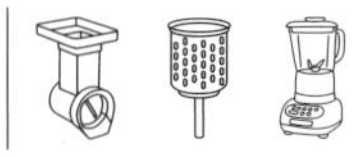

Für 8 Portionen
Zubereitung: 5 Minuten
Kochzeit: 1 Stunde

500 g Auberginen
2 zerdrückte Knoblauchzehen
1 TL Ras el hanout (marokkanische Gewürzmischung)
2 EL Olivenöl
50 g Schalotten
½ TL Harissa
50 ml Olivenöl Extra Virgine
2 EL Zitronensaft
100 g geschälte, entkernte und gewürfelte Pflaumentomaten
1 EL gehackter Koriander
Salz und frisch gemahlener schwarzer Pfeffer

Den Ofen auf 200°C/Gas Stufe 6 vorheizen. Die Auberginen der Länge nach halbieren und das Fleisch in einem Diamantmuster einritzen. Das Fleisch mit dem Knoblauch bestreichen, mit Ras el hanout und 1 Esslöffel Olivenöl beträufeln. Die Auberginenhälften zusammenlegen und in Aluminiumfolie einwickeln. 45 Minuten bis 1 Stunde – oder bis sich die Auberginen sehr weich anfühlen – backen.

In der Zwischenzeit die Schalotten mit der mittelgroben Raspeltrommel am Gemüseschneider auf Stufe 4 hacken. Das restliche Olivenöl in einem Kochtopf erhitzen und die Schalotten 5 bis 19 Minuten lang sautieren. Das Harissa einrühren und vom Herd nehmen.

Die Auberginen auswickeln und das Fleisch in den Blender geben. Die Schalotten hinzufügen und auf Stufe pürieren, bis alles glatt ist. Das Olivenöl Extra Virgine bei laufendem Motor einträufeln, bis das Püree sehr glatt und seidig ist. Den Zitronensaft hinzufügen.

Den Auberginenkaviar in eine Schüssel geben und die gewürfelten Tomaten und den Koriander darunter mischen. Abschmecken und mit getoastetem Pitta-Brot servieren.

Hummus-Schaum

Dieses Rezept ist eine moderne Variante von Hummus und sicherlich einen Versuch wert. Wenn Sie das klassische Rezept bevorzugen, folgen Sie bitte dieser Anleitung:

Für 6 Portionen
Zubereitung: 15 Minuten

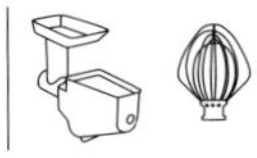

400 g Kichererbsen aus der Dose
1 Knoblauchzehe
150 ml Sahne mit hohem Fettgehalt
1 EL Tahini (Paste aus Sesamkörnern)
20 g Olivenöl
½ TL Salz
¼ TL Paprika
½ TL gemahlener Kreuzkümmel

Die Kichererbsen so abtropfen lassen, dass Sie die Flüssigkeit weiterverwenden können. Die Kichererbsen unter kaltem fließendem Wasser spülen und dann mit Knoblauch in der Mengschüssel mit dem Pürieraufsatz auf Stufe 4 pürieren. Die Sahne mit 50 ml der Kichererbsen-Flüssigkeit zum Kochen bringen. Dies, sowie Tahini, Olivenöl, Salz, Paprika und Kreuzkümmel mit dem Schneebesen auf Stufe 4 in das Kichererbsenpüree mischen. In einen 500 ml Siphon füllen und zwei N^2O-Kapseln aufschrauben. Gut schütteln, in Gläser füllen und sofort servieren:

Hummus bi tahina: Klassisches Rezept
Die Kichererbsen abtropfen lassen und unter kaltem fließenden Wasser spülen (die Flüssigkeit kann weggeworfen werden). Die Kichererbsen und den Knoblauch wie im obigen Rezept pürieren, und Tahini, Salz, Paprika und Kümmel hinzufügen. Den Flachrührer aufsetzen. Die Sahne weglassen, jedoch 100 ml Olivenöl verwenden. 1 Minute auf Stufe 4 mixen. Den Saft von 1 Zitrone und eine Handvoll fein gehackten Koriander einrühren. Mit getoastetem Pitta-Brot servieren.

Geeiste Zucchinisuppe mit Basilikum und Zitronenöl

Eine geeiste Suppe ist an warmen Sommertagen überaus erfrischend. Sie können das Gemüse und die Kräuter auch variieren. Versuchen Sie beispielsweise Erbsen und Minze oder grünen Spargel und Zitronenthymian. Wenn Sie möchten, können Sie einige Tropfen Tabasco zum Aufpeppen hinzufügen.

Für 4 Portionen
Zubereitung: 5 Minuten
Kochzeit: 20 Minuten
Abkühlen: über Nacht

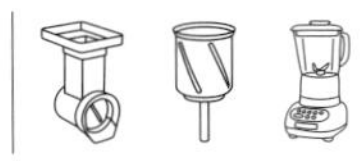

2 Zucchini
2 EL Olivenöl
1 Bund Basilikum
2 EL Zitrone-/Olivenöl, plus etwas zum Beträufeln
50 g geröstete Pinienkerne
4 Eiswürfel
25 g Lachsrogen zum Garnieren
Salz und frisch gemahlener schwarzer Pfeffer

Die Zucchini mit der Schneidetrommel am Gemüseschneider auf Stufe 4 schneiden. Das Olivenöl in einem großen Kochtopf erhitzen und die Zucchini 5 Minuten lang sautieren. Mit Wasser bedecken, zum Kochen bringen und 5 Minuten lang kochen, bis sie weich sind. 15 Minuten abkühlen lassen.

Den Inhalt des Kochtopfs mit Basilikum, Zitronenöl und den Pinienkernen in den Blender geben. Auf Stufe mixen, bis alles glatt ist. Sie müssen dies möglicherweise in mehreren Schritten tun. Abschmecken und abkühlen lassen. Die Suppe in gekühlte Schalen oder Gläser füllen und einen Eiswürfel in jede Portion geben. Mit Lachsrogen garnieren und mit Zitronenöl beträufeln.

Gazpacho

Diese klassische kalte Suppe schmeckt am besten, wenn sie mit reifem Sommergemüse zubereitet wird. Sie können alle beliebigen Garnierungen hinzufügen: gehackte Gurken, Oliven, Kapern, usw.

Für 4-6 Portionen
Zubereitung: 15 Minuten
Abkühlen: über Nacht

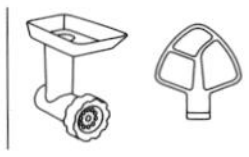

750 g reife Pflaumentomaten
1 roter Paprika
1 rote Zwiebel
½ Salatgurke
2 Knoblauchzehen
100 ml passierte Tomaten
Einige Tropfen Tabasco
4 EL Olivenöl
2 EL Balsamico-Essig
100 ml kaltes Wasser
2 hart gekochte Eier
8 Frühlingszwiebeln
12 Essiggurken
½ gelber Paprika
100 g fein gewürfelter Kochschinken
Olivenöl Extra Virgine zum Servieren
Salz und frisch gemahlener schwarzer Pfeffer

Tomaten, Paprika, Zwiebel und Salatgurken grob schneiden. Das Gemüse und den Knoblauch in der Mengschüssel mit der groben Mahlschreibe am Fleischwolf auf Stufe 4 pürieren. Die Passata, Tabasco, Olivenöl, Balsamico-Essig und das Wasser hinzufügen. Gründlich mit dem Flachrührer auf Stufe 4 mixen. Abschmecken. Über Nacht in den Kühlschrank stellen, damit die Suppe gründlich abkühlt und sich die Aromen entwickeln.

Am nächsten Tag Eier, Frühlingszwiebel, Essiggurken und gelbe Paprika fein schneiden. Die Gazpacho in gekühlte Schalen füllen und etwas Olivenöl Extra Virgine über jede Schüssel träufeln. Die Suppe mit der Garnierung bestreuen.

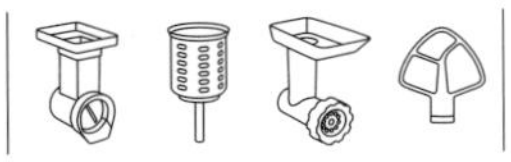

Für 8 Portionen
Zubereitung: 20 Minuten
Abkühlen: 1-2 Tage
Kochzeit: 2 Stunden

3 Schalotten
3 Knoblauchzehen
125 g Pilze
3 EL Butter
450 g Schweinebauch in einem Stück, ohne Schwarte und Kochen
175 g Schweinefilet
175 g Hühnerleber
150 g Pancetta, in einem Stück
2 EL fein gehackte Blattpetersilie
1 EL fein gehackter Salbei
1 TL fein gehackter Thymian
2 EL fein gehacktes Basilikum
2-3 EL Vecchia Romagna (Italienischer Weinbrand)
10-12 Scheiben Rückenspeck, ohne Schwarte
Chutney mit Pflaumen, Birnen und Sultaninen (siehe S. 138) zum Servieren
Salz und frisch gemahlener schwarzer Pfeffer

Rustikale Schweinefleischterrine mit Pilzen und frischen Kräutern

Die Zubereitung Ihrer eigenen Terrine erfordert etwas Arbeit, ist aber sicherlich die Mühe wert. Anstelle des Chutneys können Sie diese schmackhafte Terrine mit Mostarda di frutta – in Senfsirup eingelegte Früchte – servieren.

Den Ofen auf 170°C/Gas Stufe 3 vorheizen. Schalotten, Knoblauch und Pilze mit der groben Raspeltrommel am Gemüseschneider auf Stufe 4 raspeln. Die Butter in einer Bratpfanne schmelzen und die Schalotten, den Knoblauch und die Pilze 10 Minuten auf großer Flamme sautieren. Abkühlen lassen.

Den Schweinebauch, das Schweinefilet, die Hühnerleber und den Pancetta in der Mengschüssel mit der feinen Mahlscheibe am Fleischwolf auf Stufe 4 zerkleinern. Zum Flachrührer wechseln und die Pilzmischung, die Kräuter und den Vecchia Romagna auf Stufe 2 unterrühren. Abschmecken.

Eine Terrinenform mit einem Volumen von 1 Liter mit den Speckscheiben auslegen, wobei die Enden über die Seiten hängen. Die Fleischmischung in die Form geben und fest andrücken. Den Speck darüber falten und mit einem Deckel oder zwei Blättern Aluminiumfolie bedecken.

In einen zur Hälfte mit heißem Wasser gefüllten Bräter stellen und im Ofen 1 Stunde und 45 Minuten bis zu 2 Stunden garen, bis sich die Terrine von der Terrinenform löst, und ein in die Mitte eingeführter Spieß sauber wieder herausgezogen werden kann.

Die Terrinenform aus dem Bräter nehmen und 1 Stunde lang kühl stellen. Die Aluminiumfolie bzw. den Deckel entfernen, mit sauberer Folie abdecken und mit mehreren Konservendosen beschweren. Völlig abkühlen lassen und 1 bis 2 Tage samt den beschwerenden Konservendosen stehen lassen. Die Terrine vor dem Servieren wieder auf Zimmertemperatur bringen. In Scheiben schneiden und mit dem Chutney servieren. Innerhalb von 2 bis 3 Tagen konsumieren.

Remoulade mit Sellerie, Apfel und Pekannüssen

Dieser knusprige Salat ist eine hervorragende Beilage für Schweinekotelett oder kurz angebratenen geräucherten Lachs.

Für 6 Portionen
Zubereitung: 15 Minuten

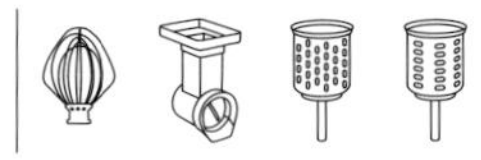

5 EL Wasabi-Mayonnaise (siehe S. 18)
5 EL Crème Fraîche
1 EL Zitronensaft
600 g Knollensellerie
2 rote Äpfel
2 EL fein gehackte Blattpetersilie
50 g gehackte Pekannüsse
Salz und frisch gemahlener schwarzer Pfeffer

Die Wasabi-Mayonnaise, die Crème Fraîche und den Zitronensaft in die Mengschüssel geben, und mit dem Schneebesen auf Stufe 6 schlagen. Abschmecken.

Den Knollensellerie schälen und in große Stücke schneiden. Den Knollensellerie mit der mittelgroben Raspeltrommel am Gemüseschneider auf Stufe 4 in die Mengschüssel reiben. Den geriebenen Knollensellerie sofort im Dressing schwenken. Die Äpfel entkernen und mit der groben Raspeltrommel in die Mengschüssel reiben. Die Petersilie und die Pekannüsse unterrühren und servieren.

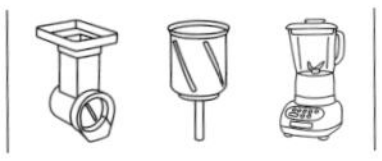

Für 6 Portionen
Zubereitung: 25 Minuten
Marinade: über Nacht
Kochzeit: 1 Stunde

1 Zwiebel
1 Karotte
1 Stangensellerie
1 Zitrone
600 g Kalbslende in einem Stück
1 Lorbeerblatt
2 Gewürznelken
½ l trockener Weißwein, vorzugsweise aus Italien
1 TL Meersalz
½ l Wasser

Dressing:
200 g Dosenthunfisch, abgetropft
4 Anchovisfilets
2 EL Kapern
2 Eigelbe
Saft von ½ Zitrone
250 ml Olivenöl
2 EL Crema Tartufata (weiße Trüffelcreme)
Eine Handvoll Kapernbeeren zum Garnieren
Frisch gemahlener schwarzer Pfeffer

Vitello tonnato mit Trüffeln

Für eine noch luxuriösere Version dieses Gerichts können Sie die Trüffelcreme durch 15 g fein gehobelte schwarze Trüffel ersetzen.

Zwiebeln, Karotten, Sellerie und Zitrone in einer großen Schüssel mit der Schneidetrommel am Gemüseschneider auf Stufe 4 schneiden. Kalbfleisch, Lorbeerblatt und Gewürznelken hinzufügen. Den Weißwein darüber gießen, abdecken und über Nacht ziehen lassen. Das Fleisch während des Marinierens regelmäßig wenden.

Am nächsten Tag den Inhalt der Schüssel in einen großen Kochtopf geben. Das Salz und das Wasser hinzufügen. Zum Kochen bringen, die Hitze reduzieren und abdecken. 45 Minuten bis 1 Stunde köcheln lassen, bis das Fleisch gar und zart ist. Im Kochtopf abkühlen lassen.

Das Dressing zubereiten. Die ersten 5 Zutaten in den Blender geben und auf Stufe mixen. Das Olivenöl nach und nach beigeben, bis das Dressing dick und glänzend ist. Das Dressing mit ungefähr 2 Esslöffeln Fleischbrühe verdünnen. Schließlich die Crema Tartufata auf Stufe in das Dressing rühren. Nach Wunsch mit Zitronensaft abschmecken.

Das Kalbfleisch aus der Brühe nehmen und möglichst dünn schneiden. Auf Tellern anrichten und das Dressing darüber träufeln. Mit einigen Kapernbeeren garnieren und servieren.

Kartoffelsalat mit Salsa verde, gerösteter Rote Bete und geräuchertem Aal

Probieren Sie diese pikant gewürzte italienische Sauce mit gegrilltem Lamm, Schweinebraten oder gedämpftem Heilbutt. Es bleibt Ihnen überlassen, ob Sie die Kartoffeln schälen oder nicht.

Für 4 Portionen
Zubereitung: 15 Minuten
Kochzeit: 20 Minuten

250 g kleine Rote Bete
2 EL Olivenöl
500 g Frühkartoffeln
200 g geräucherter Aal
Salz und frisch gemahlener schwarzer Pfeffer

Salsa verde:
1 Knoblauchzehe
2 EL Kapern
2 EL Essiggurken
3 Anchovisfilets
½ EL Dijon-Senf
Eine Handvoll Blattpetersilie
1 Bund Basilikum
1 Bund Minze
125 ml Olivenöl Extra Virgine
1 EL Rotweinessig

Den Ofen auf 200°C/Gas Stufe 6 vorheizen. Die Rote Bete schälen und in Keile schneiden. Mit dem Olivenöl vermengen, würzen und in einen Bräter geben. 30 Minuten lang braten, bis die Rote Bete weich sind.

Die Salsa verde zubereiten. Die ersten 5 Zutaten in den Blender geben. Die Blätter von den Kräutern abpflücken und ebenso in den Blender geben. Auf Stufe zu einem groben Püree rühren. Bei laufendem Motor das Olivenöl einträufeln, bis es vollständig aufgenommen wurde. Den Essig hinzufügen und würzen.

Die Kartoffeln nötigenfalls in gleich große Stücke schneiden und in gesalzenem Wasser kochen, bis sie bissfest sind. Abtropfen und sofort in zwei Drittel der Salsa verde einmengen. Die restliche Salsa verde mit den Roten Beten vermengen. Auf Tellern anrichten und den geräucherten Aal vorsichtig darauf legen.

Rotkohlsalat mit Roter Beete und Moosbeeren

Dieser Salat schmeckt hervorragend am nächsten Tag, da sich die Aromen besser entwickeln können. Mit kalten Fleischwaren oder Käse servieren.

Für 6 Portionen
Zubereitung: 20 Minuten
Abkühlen: über Nacht

½ kleiner Rotkohl
1 mittelgroße Rote Bete
1 kleine rote Zwiebel
50 g Walnüsse
50 g getrocknete Moosbeeren

Dressing:
1 EL Zitronensaft
4 EL Rotweinessig
1 EL Honig
4 EL Walnussöl
6 EL Olivenöl
½ TL Kümmel
Salz und frisch gemahlener schwarzer Pfeffer

Die äußeren Blätter und den Strunk des Rotkohls entfernen. Den mit der Schneidetrommel am Gemüseschneider auf Stufe 4 in ein Küchensieb schneiden. Gut unter kaltem fließendem Wasser spülen, bis das Wasser klar ist. Gründlich abtropfen lassen und den Rotkohl in eine Schüssel geben.

Die Rote Bete und die roten Zwiebeln schälen. Beides mit der groben Raspeltrommel am Gemüseschneider auf Stufe 4 in die Schüssel mit dem Rotkohl reiben. Die Wahlnüsse rösten und grob hacken. Gemeinsam mit den Moosbeeren zum Rotkohlsalat geben.

Das Dressing zubereiten. Alle Zutaten in die Mengschüssel geben und mit dem Schneebesen auf Stufe 4 schlagen, bis alles glatt ist. Über den Kohlsalat gießen, leicht vermengen und vor dem Servieren über Nacht ziehen lassen.

Zucchini-Salat mit Minze, rotem Chili und Zitrone

Ersetzen Sie die Minze durch Basilikum oder Majoran und den Schafskäse durch Ricotta – so erhalten Sie eine Variation dieses erfrischenden Sommersalates.

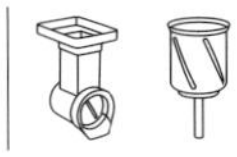

Für 4 Portionen
Zubereitung: 5 Minuten
Kochzeit: 10 Minuten
Marinade: 15 Minuten

4 kleine Zucchini
1 milder roter Chili
1 Knoblauchzehe
2 EL Olivenöl
4 EL Olivenöl Extra Virgine
Saft von ½ Zitrone
1 Bund Minze
100 g Schafskäse
Salz und frisch gemahlener schwarzer Pfeffer

Die Zucchini, den Chili und den Knoblauch mit der Schneidetrommel am Gemüseschneider auf Stufe 4 schneiden. Die Zucchini mit Olivenöl bestreichen und in einer Grillpfanne backen, bis sie goldbraun und gerade weich sind. Das Olivenöl Extra Virgine mit dem Zitronensaft mischen, und dann die Minze fein hacken und in die Vinaigrette einrühren. Geschnittenen Chili und Knoblauch hinzufügen, abschmecken und die Vinaigrette über die Zucchini gießen.
15 Minuten lang marinieren lassen, dann den Schafskäse darüber verkrümeln und servieren.

Tortilla mit Chorizo, Safran und Petersilie

Eine Tortilla ist ein spanisches dickes Omelett, das langsam auf kleiner Flamme gekocht wird. Während sie traditionellerweise nur mit Kartoffeln und Zwiebeln zubereitet wird, habe ich Chorizo, Safran und Petersilie hinzugefügt. Sie liefern nicht nur viel Geschmack, sondern sorgen auch für eine Tortilla in Regenbogenfarben.

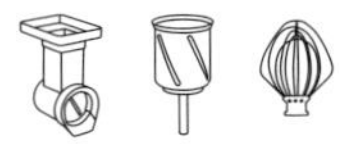

Für 6-8 Portionen
Zubereitung: 15 Minuten
Ruhen lassen: 15 Minuten
Backzeit: 15 Minuten

150 g pikante Chorizo-Würstchen
600 g geschälte Kartoffeln
1 große Zwiebel
150 ml Olivenöl Extra Virgine
6 Eier
2 Kapseln Safranpulver
3 EL fein gehackte Blattpetersilie
Salz und frisch gemahlener schwarzer Pfeffer

Die Chorizo-Würstchen schälen und mit der Schneidetrommel am Gemüseschneider auf Stufe 4 schneiden. Ebenso die Kartoffeln und Zwiebeln schneiden. 1 Esslöffel Olivenöl in einer großen, tiefen Bratpfanne erhitzen und die Chorizos sautieren, bis sie goldbraun sind. Mit einem Schaumlöffel aus der Pfanne nehmen und auf Küchenrolle abtropfen lassen. Das Öl weggießen und die Pfanne auswischen.

100 ml Olivenöl in der Bratpfanne erhitzen und die Kartoffeln und Zwiebeln 10 bis 15 Minuten sautieren, bis das Gemüse goldbraun und zart ist. Vom Herd nehmen und 15 Minuten abkühlen lassen.

Eier, Safran und Petersilie in der Mengschüssel mit dem Schneebesen auf Stufe 2 schlagen. Die Chorizo-Würstchen sowie die Kartoffeln und Zwiebeln mit ihrem Öl einrühren. Abschmecken. Das restliche Olivenöl in der Bratpfanne erhitzen und die Eiermischung beigeben. Auf kleiner Hitze 10 Minuten braten, bis die Tortilla fast durchgebraten ist. Die Tortilla vorsichtig auf einen großen Teller geben und mit einem großen Deckel bedecken. Die Tortilla mit dem Deckel wenden und wieder in die Pfanne geben. Weitere 5 Minuten braten, dann auf Zimmertemperatur abkühlen lassen und servieren.

Asiatischer Weisskohlsalat

Dieser Weißkohlsalat schmeckt vorzüglich zu gegrilltem Fleisch und Fisch. Wahlweise können Sie auch etwas zerkleinertes, pochiertes Huhn für ein leichtes Mittagessen einmengen.

Für 6 Portionen
Zubereitung: 15 Minuten
Abkühlen: über Nacht

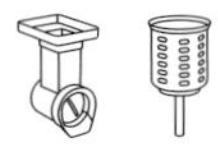

500 g Weißkohl
100 g Karotten
75 g Schalotten
2 EL fein gehackter Koriander
2 EL fein gehackte Minze
50 g geröstete gesalzene Erdnüsse
Salz und frisch gemahlener schwarzer Pfeffer

Dressing:
50 g Zucker
75 ml Reisweinessig
Saft von 1 Limone
2 EL süße Chili-Sauce
2 EL Fischsauce
1 zerkleinerte Knoblauchzehe

Bereiten Sie zuerst das Dressing zu. Den Zucker und den Essig in einen Topf geben. Langsam zum Kochen bringen und rühren, bis sich der Zucker aufgelöst hat. Vom Herd nehmen und den Limonensaft, die Chili- und Fisch-Sauce sowie den Knoblauch hinzufügen.

Die äußeren Blätter und den harten Kern des Weißkohls entfernen und den Kohl in Keile schneiden. Die Karotten schälen und die Schalotten halbieren. Kohl, Karotten und Schalotten in der Mengschüssel mit der groben Raspeltrommel am Gemüseschneider auf Stufe 4 raspeln. Mit Dressing übergießen, abschmecken und gut mischen. Abdecken und über Nacht stehen lassen. Die Kräuter erst kurz vor dem Servieren in den Weißkohl einrühren und mit den grob gehackten Erdnüssen garnieren.

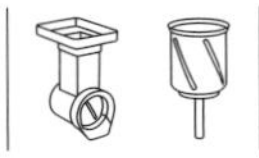

Für 4-6 Portionen
Zubereitung: 20 Minuten + bei Verwendung von getrockneten Bohnen über Nacht aufquellen lassen
Kochzeit: 40 Minuten

400 g Borlotti-Bohnen aus der Dose oder 200 g getrocknete Borlotti-Bohnen
2 Karotten
1 kleine Lauchstange
2 kleine Zucchini
1 Zwiebel
2 Knoblauchzehen
4 EL Olivenöl
4 Rosmarinzweige
400 g gehackte Tomaten aus der Dose
4 EL Tomatenpüree, vorzugsweise aus sonnengetrockneten Tomaten
1,5 l Wasser
100 g Spaghetti
Frisch geriebener Parmesan zum Servieren
Salz und frisch gemahlener schwarzer Pfeffer

Gremolata:
2 Knoblauchzehen
½ Bund Blattpetersilie
Geriebene Schale von 1 Zitrone

Minestrone mit Gremolata

Mit knusprigem Brot oder duftenden Knoblauchbrot serviert, ist Minestrone eine Mahlzeit für sich. Die Borlotti-Bohnen können wahlweise durch Cannellini-Bohnen ersetzt werden.

Falls Sie getrocknete Bohnen verwenden, müssen Sie diese gut spülen und mit viel kaltem Wasser abdecken. Über Nacht quellen lassen. Am nächsten Tag die Bohnen gut abgießen, in einen Kochtopf geben und mit frischem Wasser bedecken. Zum Kochen bringen, abgießen und erneut mit kaltem Wasser bedecken. Erneut zum Kochen bringen und 15 Minuten lang köcheln lassen, dann abgießen und zur Seite stellen. Falls Sie Bohnen aus der Dose verwenden, müssen Sie diese abgießen und gut spülen.

Das Gemüse und den Knoblauch in der Mengschüssel mit der Schneidetrommel am Gemüseschneider auf Stufe 4 schneiden. Das Olivenöl in einem großen Kochtopf erhitzen, das Gemüse hinzufügen und 5 Minuten lang sautieren. Den Rosmarin fein hacken und die Hälfte in den Kochtopf geben und eine weitere Minute kochen lassen. Zum Schluss die Dosentomaten und das Tomatenpüree hinzufügen, mit dem Wasser bedecken und zum Kochen bringen. 20 Minuten lang – oder bis das Gemüse bissfest ist – köcheln lassen.

Die Spaghetti in kleine Stücke brechen und mit den Borlotti-Bohnen in den Kochtopf geben. Weitere 5 bis 10 Minuten kochen, bis die Pasta al dente ist. Den restlichen Rosmarin einrühren und den Kochtopf vom Herd nehmen. Abschmecken und einige Minuten lang stehen lassen. In der Zwischenzeit die Gremolata zubereiten. Den Knoblauch und die Petersilie fein hacken und die Zitronenschale untermengen. Die Minestrone in Schüsseln gießen und die Gremolata darüber träufeln. Mit Parmesan bestreuen.

Erbsensuppe mit Majoran und Mascarpone

Grüne Erbsensuppe ist eine klassische Frühlingssuppe. Wenn Sie eine leichtere Version dieser Suppe möchten, können Sie den Majoran durch Basilikum und den Mascarpone durch Ricotta ersetzen.

Für 6 Portionen
Zubereitung: 10 Minuten
Kochzeit: 25 Minuten

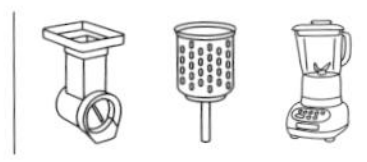

2 große Schalotten
2 Knoblauchzehen
50 g Butter
800 g Tiefkühlerbsen
1 l Hühner- oder Gemüsebrühe
125 g Mascarpone
3 EL gehackter Majoran
6 Scheiben Pancetta
3 Scheiben Weißbrot
6 Jakobsmuscheln
1 EL Olivenöl
Salz und frisch gemahlener schwarzer Pfeffer

Die Schalotten und den Knoblauch mit der mittelgroben Raspeltrommel am Gemüseschneider auf Stufe 4 klein schneiden. Die Hälfte der Butter in einem großen Kochtopf erhitzen und die Schalotten 5 Minuten lang anbraten, bis sie glasig sind. Die Erbsen untermengen und 1 Minute lang kochen.

Die Hühner- oder Gemüsebrühe hinzufügen, zum Kochen bringen und 5 Minuten kochen, bis die Erbsen weich sind. 10 Minuten abkühlen lassen. Den Inhalt des Kochtopfs mit Mascarpone und Majoran in den Blender geben. Auf Stufe verflüssigen, bis alles glatt ist. Sie müssen dies möglicherweise in mehreren Schritten tun. Abschmecken und warm halten.

Die restliche Butter in einer Bratpfanne erhitzen, den Pancetta knusprig braten und auf Küchenrolle abtropfen lassen. Die Krusten vom Brot schneiden und das Brot in 1 cm große Würfel schneiden. Das Brot in der Pancetta-Butter braten, bis es goldbraun ist. Jede Jakobsmuschel horizontal in drei dünne Scheiben schneiden. Das Olivenöl in einer Bratpfanne erhitzen und die Jakobsmuscheln 10 bis 15 Sekunden lang auf jeder Seite scharf anbraten. Die Suppe in Schüsseln gießen und die Croûtons darüber streuen. Die Jakobsmuscheln vorsichtig auf die Suppe legen und mit dem knusprigen Pancetta garnieren.

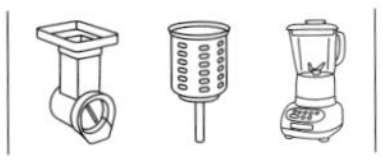

Für 4 Portionen
Zubereitung: 10 Minuten
Kochzeit: 1 Stunde

750 g Kürbis
4 EL Olivenöl
1 rote Zwiebel
2 Knoblauchzehen
½ TL zerdrückte Kardamomkapseln
500 ml Gemüsebrühe
Geriebene Schale von 1 Orange
Eine Handvoll Salbeiblätter
Salz und frisch gemahlener schwarzer Pfeffer

Amaretti-Crumble:
40 g knusprige Amaretto-Plätzchen
50 g geriebene Mandeln
¼ TL geriebener Zimt
20 g Butter

Kürbissuppe mit knusprigen Salbeiblättern und Amaretto-Crumble

Kürbissuppe ist ein Wintergericht – Comfort Food von seiner besten Seite. Die knusprigen Brösel verleihen Textur und die frittierten Salbeiblätter sorgen für einen raffinierten Geschmack.

Bereiten Sie zuerst den Amaretti-Crumble zu. Die Ameretto-Plätzchen grob zerstoßen und mit den Mandeln und dem Zimt mischen. Die Butter in einem kleinen Topf schmelzen lassen und die Amaretti-Mischung sautieren, bis sie goldbraun ist. Abkühlen lassen.

Den Ofen auf 200°C/Gas Stufe 6 vorheizen. Den Kürbis schälen und die Kerne herausnehmen. In Scheiben schneiden. 1 Esslöffel Olivenöl darüber träufeln und 30 bis 40 Minuten – oder bis der Kürbis durchgebraten ist – im Ofen braten.

Die Zwiebel und den Knoblauch mit der groben Raspeltrommel am Gemüseschneider auf Stufe 4 klein schneiden. 2 Esslöffel Olivenöl in einem großen Kochtopf erhitzen und die Zwiebeln und den Knoblauch sautieren, bis sie weich sind. Das Kürbisfleisch in Würfel schneiden und mit den Kardamomkapseln in den Topf geben. Die Gemüsebrühe zugeben und leicht köcheln lassen, bis das Gemüse zart ist.

Die Suppe in den Blender füllen. Die Orangenschale hinzugeben und auf Stufe pürieren, bis die Suppe völlig glatt ist. Abschmecken und warm halten. Den letzten Esslöffel Olivenöl in einer kleinen Pfanne erhitzen und die Salbeiblätter frittieren, bis sie knusprig sind. Auf Küchenrolle abtropfen lassen. Die Suppe in Schüsseln geben und mit dem Amaretto-Crumble bestreuen. Mit einigen knusprigen Salbeiblättern garnieren und sofort servieren.

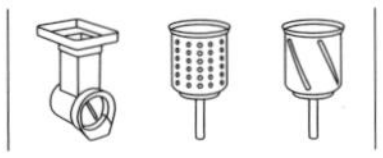

Französische Zwiebelsuppe mit Kräuterkäse-Toasts

Für 4 Portionen
Zubereitung: 10 Minuten
Kochzeit: 40 Minuten

750 g Zwiebeln
4 EL Butter
2 EL Mehl
750 ml leichte Rinderbrühe
1 TL fein gehackter Thymian
Salz und frisch gemahlener schwarzer Pfeffer

Kräuterkäsetoasts:
60 g Gruyère
1 EL fein geschnittener Schnittlauch
1 EL fein gehackte Blattpetersilie
1 TL fein gehackter Knoblauch
1 EL fein gehackte Schalotten
4 EL geschmolzene Butter
4 dicke Scheiben Baguette

Diese herzhafte Wintersuppe ist ein Klassiker der französischen Küche. Für diese interessante Variante rote Zwiebeln verwenden und einen Teil der Gemüsebrühe durch Rotwein ersetzen. Mit Rosmarin anstelle von Thymian würzen.

Den Ofen auf 200°C/Gas Stufe 6 vorheizen. Zuerst die Kräuterkäsetoasts zubereiten. Den Käse mit der feinen Raspeltrommel am Gemüseschneider auf Stufe 4 reiben. Zur Seite stellen. Kräuter, Knoblauch und Schalotten in der geschmolzenen Butter anbraten.
Die Baguette-Scheiben mit der Kräuterbutter bestreichen und 5 bis 10 Minuten lang im Ofen backen.

Die Zwiebel mit der Schneidetrommel am Gemüseschneider auf Stufe 4 schneiden. Die Butter in einem großen Kochtopf erhitzen und die Zwiebeln in einem zugedeckten Kochtopf auf kleiner Flamme 25 Minuten lang sautieren. Die Zwiebel mit dem Mehl bestreuen und unter ständigem Rühren braten, bis sie goldbraun sind. Die Rinderbrühe hinzufügen, gut mischen und 10 Minuten lang kochen lassen. Abschmecken.

Den Thymian in die Suppe einrühren und die Suppe in hitzefeste Schüsseln geben. Den Käse über die Kräutertoasts streuen und diese vorsichtig auf die Suppe geben. Die Suppenschüsseln unter einen vorgeheizten Grill stellen, bis der Käse geschmolzen ist. Sofort servieren.

Soufflé mit Blumenkohl und Stilton

Obwohl Soufflés im Allgemeinen gefürchtet sind, ist ihre Zubereitung nicht schwierig. Sie müssen lediglich das Eiweiß sehr steif schlagen und rasch in den Teig unterheben, da Sie ansonsten die Luft herausschlagen und das Soufflé nicht aufgehen kann. Behalten Sie die Soufflés beim Backen immer im Auge. Gehen Sie nicht weg, um schnell das Telefon abzuheben!

Für 6 Portionen
Zubereitung: 25 Minuten
Backzeit: 25 Minuten

Butter und geriebener Parmesan für die Auflaufformen
500 g Blumenkohl
25 g Butter
25 g Mehl
150 ml Milch
½ TL Espelette-Pfeffer
25 g Frischkäse
3 Eier
75 g Stilton (oder irischer Cashel Blue)
2 Eiweiß
Salz

Den Ofen auf 200°C/Gas Stufe 6 vorheizen. 6 Auflaufformen von 175 ml leicht buttern und bemehlen und mit geriebenem Parmesan bestreuen. Den Blumenkohl in Röschen schneiden und 8 bis 10 Minuten lang dämpfen oder kochen, bis er weich ist. Abkühlen lassen und dann im Blender auf Stufe  zu einem nahezu glatten Püree rühren. In die Mengschüssel geben.

Die Butter in einem schmalen Kochtopf schmelzen und das Mehl unterrühren. Auf kleiner Hitze 2 Minuten kochen lassen und dann nach und nach die Milch beigeben. Weitere 2 Minuten erhitzen, bis die Sauce eindickt und an der Rückseite eines Kochlöffels haften bleibt. Vom Herd nehmen und mit Salz und dem Espelette-Pfeffer würzen. Gemeinsam mit dem Frischkäse in die Mengschüssel geben. Mit dem Flachrührer auf Stufe 2 mixen.

Die Eier trennen und das Eigelb auf Stufe 4 in die Blumenkohlmischung einrühren. Die Mengschüssel gründlich reinigen und abtrocknen, und das gesamte Eiweiß mit dem Schneebesen auf Stufe 8 schlagen, bis es steif ist. Sorgfältig in die Blumenkohlmischung unterheben, und dabei gleichzeitig den zerkrümelten Stilton dazugeben. In die vorbereiteten Auflaufformen füllen. Die Soufflés 20 bis 25 Minuten lang backen, bis sie goldbraun und schön aufgegangen sind. Sofort servieren.

Krabbenpuffer mit Mango und Mais-Salsa

Für 4 Portionen
Zubereitung: 15 Minuten
Abkühlen: 30 Minuten
Kochzeit: 10 Minuten

2 fein gehackte Frühlingszwiebeln
2 EL fein gehackter Koriander
2 EL Fischsauce
1 roter Bird's-eye Chili
2 Zitronengras-Stängel
2,5 cm frischer Ingwer
1 großes Eiweiß
250 g frisches weißes Krabbenfleisch
1 verquirltes Ei
3 EL getrocknete Brösel
3 EL getrocknete Kokosnuss
Sonnenblumenöl zum Braten
Zitronenspalten zum Servieren

Salsa:
1 reife, aber feste Mango
2 Pflaumentomaten
150 g Mais aus der Dose
1 rote Zwiebel
1 milder grüner Chili
Saft von 2 Limonen
2 EL fein gehackter Koriander

In vielen Rezepten für Krabbenpuffer wird das Krabbenfleisch häufig mit weißem Fisch, Garnelen oder Kartoffeln kombiniert. In meinem Rezept wird lediglich weißes Krabbenfleisch mit duftenden Kräutern und Gewürzen verwendet.

Bereiten Sie zuerst die Salsa zu. Die Mango schälen und entkernen, und in Würfel von 5 mm schneiden. Die Tomaten entkernen und in Würfel von 5 mm schneiden. Den Mais abgießen. Die rote Zwiebel fein hacken. Den Chili entkernen und fein hacken. Alle Zutaten für die Salsa mischen, abdecken und stehen lassen.

Die ersten 7 Zutaten für die Krabbenpuffer in den Blender geben und auf Stufe rühren. Krabbenfleisch, Ei, Brösel und Kokosnuss in die Mengschüssel geben. Die Kräuterpaste mit dem Flachrührer auf Stufe 2 mixen. 30 Minuten lang abkühlen, bis die Masse fest ist.

Die Krabbenmischung mit feuchten Händen in 8 mittelgroße Puffer (oder 16 kleine Puffer) formen. 1 cm Sonnenblumenöl in einer Pfanne mit schwerem Boden erwärmen und die Krabbenpuffer 2 Minuten auf jeder Seite (1 Minute bei kleinen Puffern) braten, bis sie goldbraun und knusprig sind. Sofort mit der Salsa und den Limonenkeilen servieren.

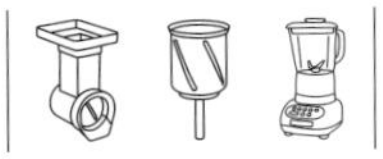

Für 4 Portionen
Zubereitung: 30 Minuten
Abkühlen: 30 Minuten
Backzeit: 45 Minuten

1 Portion Mürbeteig (siehe S. 22)
250 g Möhren
300 ml Karottensaft
300 ml Wasser
150 ml Sahne mit hohem Fettgehalt
1 Ei
1 Eigelb
50 ml Olivenöl
150 g Pfifferlinge
Salz und frisch gemahlener schwarzer Pfeffer

Vinaigrette:
75 g fein gewürfelte Karotten
175 ml Olivenöl
1 Salbeizweig
½ TL Salz
100 ml weißer Balsamico-Essig
200 ml Sauternes-Wein
300 ml Karottensaft
2 TL fein gehackter Salbei
1 EL geröstete Pinienkerne

Karottentörtchen mit süsssaurer Karotten-Vinaigrette und Pfifferlingen

Diese Törtchen sind ideal für einen leichten Lunch oder als raffiniertes Vorgericht. Sie können das Püree für die Füllung mit jedem beliebigen Gemüse zubereiten, wobei jedoch die Kräuter entsprechend angepasst werden müssen.

Den Mürbeteig ausrollen und 4 Backformen mit einem Durchmesser von 8 cm auskleiden. Den Teig mit einer Gabel einstechen und 30 Minuten lang stehen lassen. Den Ofen auf 200°C/Gas Stufe 6 vorheizen. Den Teig mit Pergamentpapier und Backbohnen bedecken. Die Törtchen 15 Minuten lang blind backen, dann das Papier und die Bohnen entfernen und weitere 5 Minuten backen. Die Ofentemperatur auf 170°C/ Gas Stufe 3 reduzieren.

Die Karotten mit der Schneidetrommel am Gemüseschneider auf Stufe 4 schneiden. Die Karotten im Karottensaft und Wasser kochen, bis sie weich sind und die ganze Flüssigkeit praktisch verdunstet ist. Die Karotten im Blender pürieren , dann die Sahne beifügen und erneut pürieren, bis alles glatt ist. Das Ei und das Eigelb beimengen und abschmecken. In die Törtchenformen füllen und 15 bis 20 Minuten lang backen. 10 Minuten lang abkühlen lassen.

Die Pfifferlinge in 50 ml Olivenöl sautieren. Abschmecken und warm halten. Die Vinaigrette zubereiten. Die gewürfelten Karotten in 50 ml Olivenöl sautieren, bis sie weich sind, dann den Salbeizweig, Salz und Balsamico-Essig hinzufügen. Auf die Hälfte einkochen. Den Sauternes hinzufügen und um zwei Drittel einkochen. Den Karottensaft hinzufügen und ebenso um zwei Drittel einkochen. Das restliche Olivenöl einrühren, sowie den gehackten Salbei und die Pinienkerne. Abschmecken.
Die Karottentörtchen mit den sautierten Pfifferlingen und lauwarmer Vinaigrette servieren.

Quiche lorraine

Diese berühmte Torte aus der französischen Region Elsass-Lothringen wird traditionell ohne Käse zubereitet.

Für 4-6 Portionen
Zubereitung: 10 Minuten
Backzeit: 50 Minuten

1 Portion Mürbeteig (siehe S. 22)
25 g Butter
250 g gewürfelter Räucherspeck
4 Eier
150 ml Milch
150 ml Sahne mit hohem Fettgehalt
Prise frisch geriebene Muskatnuss
2 EL geschnittener Schnittlauch
Salz und frisch gemahlener schwarzer Pfeffer

Den Ofen auf 200°C/Gas Stufe 6 vorheizen. Den Teig in einen Kreis ausrollen und eine eingefettete Backform mit einem Durchmesser von 23 cm damit auskleiden. Die gesamte Fläche mit einer Gabel einstechen und mit Pergamentpapier auskleiden. Mit Backbohnen füllen und 15 Minuten lang blind backen. Danach das Papier und die Backbohnen entfernen. Die Ofentemperatur auf 180°C/Gas Stufe 4 reduzieren.

Die Füllung zubereiten. Die Butter in einer großen Bratpfanne schmelzen und den Schinkenspeck goldbraun braten. Den Schinkenspeck auf Küchenrolle abtropfen lassen und über den Teig verteilen. Eier, Milch, Sahne, Muskatnuss und Schnittlauch in der Mengschüssel mit dem Schneebesen auf Stufe 4 mischen. Den Schinkenspeck darüber legen und 35 bis 45 Minuten backen, bis die Oberfläche goldbraun ist und sich die Füllung gesetzt hat. Warm oder bei Zimmertemperatur mit grünen Salatblättern servieren.

Ostertorte

Für 10 Portionen
Zubereitung: 1 Stunde
Ruhen lassen: 1 Stunde
Backzeit: 1 Stunde 20 Minuten

500 g Mehl
1 TL Salz
2 EL Olivenöl
Ungefähr 300 ml Wasser

Spinatfüllung:
1 kg frischer Spinat
2 EL Olivenöl
1 kleine rote Zwiebel
1 Bund Majoran
75 g geröstete Pinienkerne
1 altbackene Ciabatta
100 ml Milch
75 g Parmesan
8 Eier
500 g Ricotta
6 EL Olivenöl
50 g Butter
Salz und frisch gemahlener schwarzer Pfeffer

Diese schmackhafte italienische Ostertorte aus Ligurien wird mit Eiern zubereitet – einem Symbol für Ostern. Für eine schnellere und einfachere Version können Sie den Teig durch Blätterteig oder selbst Filoteig ersetzen.

Das Mehl und das Salz in die Mengschüssel sieben. Mit dem Knethaken auf Stufe 1 mixen, dann langsam Olivenöl und Wasser hinzufügen, bis Sie einen glatten Teig erhalten. 4 Minuten lang auf Stufe 2 weiter kneten, bis der Teig sehr glatt und geschmeidig ist. In 12 Stücke teilen, Kugeln formen und auf ein bemehltes Geschirrtuch legen. Mit einem feuchten Geschirrtuch abdecken und 1 Stunde ruhen lassen.

Die Füllung zubereiten. Stängel vom Spinat entfernen und gründlich waschen. Den Spinat in 1 Esslöffel Olivenöl kochen, bis er etwas welkt. Gründlich abgießen, sämtliche überschüssige Flüssigkeit ausdrücken und hacken. Die Zwiebel fein hacken und in 1 Esslöffel Olivenöl sautieren. Den Spinat mit dem fein gehackten Majoran und den Pinienkernen untermischen. Die Krusten vom Brot entfernen und das Brot in Stücke reißen. Die Milch darüber gießen und einweichen lassen.

Den Parmesan in einer kleinen Schüssel mit der feinen Raspeltrommel am Gemüseschneider auf Stufe 4 reiben. 2 Eier in die Mengschüssel schlagen und mit dem Flachrührer auf Stufe 4 mixen. 2 Esslöffel geriebenen Parmesan unterrühren. Sämtliche Flüssigkeit aus der Brotmischung ausdrücken und mit dem Ricotta unter die Eier mischen. Den Spinat auf Stufe 4 untermischen.

Den Ofen auf 200°C/Gas Stufe 6 vorheizen. Eine tiefe Springform mit einem Durchmesser von 20-22 cm einfetten. Eine der Teigkugeln auf einer leicht bemehlten Fläche ausrollen, dabei den Teig wie Strudelteig mit der Hand in alle Richtungen dehnen. Die Backform so auskleiden, dass der Teig über die Seiten hängt. Mit Olivenöl einstreichen. Mit den nächsten 5 Teigkugeln wiederholen, und jede Schicht mit Olivenöl einstreichen.

Die Füllung in die Form löffeln, die Oberfläche glätten und mit Olivenöl einstreichen. 6 Vertiefungen in die Füllung machen. Etwas Butter in jede Vertiefung geben und vorsichtig ein Ei darüber aufbrechen, wobei man darauf achten muss, dass das Eigelb nicht beschädigt wird. Würzen und mit dem restlichen Parmesan bestreuen.

Die restlichen Teigkugeln ausrollen und darauf legen, wobei erneut jede Schicht mit Olivenöl eingestrichen wird. Die restliche Butter rund um den Teigrand verteilen, und den überhängenden Teig einfalten. Mit Olivenöl einstreichen und sorgfältig zwei- bis dreimal einstechen, damit der Dampf entweichen kann. 1 Stunde 15 Minuten lang goldbraun backen. Warm oder bei Zimmertemperatur servieren.

Für 2 Pizzas
Zubereitung: 20 Minuten
Ruhen lassen: 1 Stunde
Backzeit: 20 Minuten

15 g frische Hefe
250 ml lauwarmes Wasser
Prise Zucker
1 EL Olivenöl
400 g Weißbrotmehl
½ EL Salz

Garnierung:
1 kleine Zucchini
1 gelber Paprika
125 g Pilze
3 EL Olivenöl
1 Glas Artischocken in Olivenöl
½ Portion Tomatensauce (siehe S. 20), oder 400 g gehackte Tomaten aus der Dose
1 TL getrockneter Oregano
Eine Handvoll schwarze Oliven
250 g geräucherter Mozzarella
Kleine Basilikumblätter zum Garnieren
Salz und frisch gemahlener schwarzer Pfeffer

Pizza rustica

Sie können dieser Pizza so viele Zutaten hinzufügen, wie Sie möchten. Versuchen Sie Chorizo-Würstchen, Anchovisfilets, Kapern, Kochschinken, sonnengetrocknete Tomaten, hart gekochte Eier usw.

Die Hefe in einen Messbecher krümeln und das Wasser, Zucker und Olivenöl hinzufügen. Rühren, bis sich die Hefe aufgelöst hat und 10 Minuten stehen lassen, bis die Mischung zu schäumen beginnt. Mehl und Salz in die Mengschüssel geben. Mit dem Flachrührer auf Stufe 2 vermischen.

Den Knethaken aufsetzen und die Hefemischung nach und nach auf Stufe 2 beigeben. 1 Minute kneten, bis der Teig eine Kugel formt. Mit einem feuchten Geschirrtuch abdecken und an einer warmen Stelle 1 Stunde – oder so lange, bis sich das Volumen verdoppelt hat – aufgehen lassen.

Die Garnierung vorbereiten. Die Zucchini würfeln, die Paprika dünn und die Pilze klein schneiden. Das Olivenöl in einer großen Bratpfanne erhitzen und das Gemüse auf hoher Flamme sautieren, bis es bissfest ist. Die Artischocken abgießen. Zum Gemüse hinzufügen und abschmecken. Abkühlen lassen.

Den Ofen auf 200°C/Gas Stufe 6 vorheizen. Den Teig kurz mit der Hand durchkneten und dann kurz auf Stufe 2 kneten. Den Teig in zwei Stücke teilen und jedes Stück in einen dünnen Kreis ausrollen. Zwei Pizzapfannen einfetten und den Teig in die Pfanne geben. Den Rand etwas dicker machen.

Die Tomatensauce oder die gehackten Tomaten über den Teig gießen und mit dem Gemüse garnieren. Mit Oregano und Oliven bestreuen, und den gewürfelten Mozzarella auflegen. 15 bis 20 Minuten lang backen, bis der Teig gebacken und der Käse goldbraun ist und Blasen wirft. Mit Basilikumblättern garnieren und sofort servieren.

Linguine alla Bottarga

Bottarga ist geräucherter, getrockneter und gepresster Fischrogen, normalerweise von der Meeräsche oder vom Thunfisch. Sie ist sehr aromatisch und salzig, und somit benötigt dieses Gericht wenig mehr als etwas Zitronensaft und feurig-scharfen Chili zum Beleben.

Für 4 Portionen
Zubereitung: 20 Minuten
Trocknen: 30 Minuten
Kochzeit: 10 Minuten

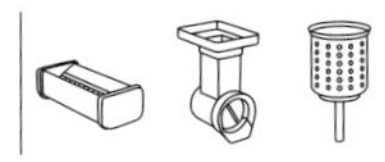

1 Portion Nudelteig (siehe S. 21), ausgerollt auf Stärke 5.
40 g Bottarga
120 ml Olivenöl Extra Virgine
¼ TL Chili-Flocken
1 EL fein gehackte Blattpetersilie
2 EL Zitronensaft

Den Spaghetti-Schneider auf den Mixer aufsetzen und die Nudelblätter auf Stärke 2 durchziehen, dabei die einzelnen Nudelfäden in einer Hand auffangen. Die Stränge in einer einzigen Schicht auf ein sauberes Geschirrtuch legen oder über ein Nudeltrockengitter hängen. Vor der Weiterverarbeitung 30 Minuten trocknen lassen. Oder leicht mit Mehl bestäuben und in einer luftdichten Dose aufbewahren.

Die Bottarga mit der feinen Raspeltrommel am Gemüseschneider auf Stufe 4 reiben und zur Seite stellen. Das Olivenöl in einem Kochtopf mit schwerem Boden erhitzen und die Chili-Flocken 1 Minuten leicht kochen. Vom Herd nehmen und die Petersilie untermischen.

Die Linguine in reichlich kochendem Salzwasser al dente kochen. Abgießen und mit dem aromatisierten Öl in den Kochtopf geben. Die Bottarga hinzufügen und durchschütteln, bis jeder Nudelstrang mit Öl und Bottarga bedeckt ist. Den Zitronensaft untermischen und sofort servieren.

Tagliatelle mit Krabbenfleisch, Zitrone und frischen Kräutern

Der milde Geschmack frischer Nudeln ist ein perfekter Hintergrund für die würzigen und pikanten Aromen der Krabbe. Denken Sie daran, dass Nudelgerichte und Risotto mit Meeresfrüchten niemals mit Käse serviert werden.

Für 4 Portionen
Zubereitung: 20 Minuten
Trocknen: 30 Minuten
Kochzeit: 15 Minuten

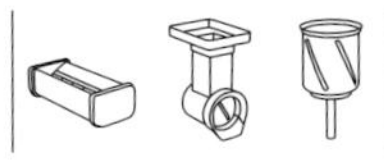

1 Portion Nudelteig (siehe S. 21), aromatisiert mit 1 EL Espelette-Pfeffer und ausgerollt auf Stärke 6.
125 ml Olivenöl
2 Knoblauchzehen
2 milde rote Chilis
300 g frisches weißes Krabbenfleisch
2 EL fein gehackte Blattpetersilie
1 EL fein gehackter Estragon
2 EL fein gehackter Dill
1 EL fein gehackte Minze
1 EL fein gehackter Schnittlauch
Saft von 1-2 Zitronen
Salz und frisch gemahlener schwarzer Pfeffer

Den Tagliatelle-Schneider auf den Mixer aufsetzen und die Nudelblätter auf Stärke 2 durchziehen, dabei die einzelnen Nudelfäden mit einer Hand auffangen. Die Stränge in einer einzigen Schicht auf ein sauberes Geschirrtuch legen oder über ein Nudeltrockengitter hängen. Vor der Verwendung trocknen lassen. Oder leicht mit Mehl bestäuben und in einer luftdichten Dose aufbewahren.

Das Olivenöl in einem Topf mit schwerem Boden erhitzen. Knoblauch und Chili mit der Schneidetrommel am Gemüseschneider auf Stufe 4 schneiden, und 5 Minuten lang sautieren, bis sie leicht gebräunt sind. Vom Herd nehmen und 10 Minuten ziehen lassen. Das Krabbenfleisch, die Gewürze und Zitronensaft untermischen. Würzen.

Die Tagliatelle in reichlich kochendem, gesalztem Wasser al dente kochen. Abgießen, aber einen oder zwei Esslöffel des Kochwassers im Topf lassen. Die Tagliatelle und die Krabbensauce hinzufügen und schütteln, bis alle Nudeln mit der Sauce bedeckt sind. Sofort servieren.

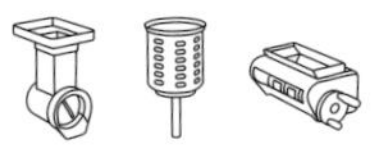

Für 4 Portionen
Zubereitung: 45 Minuten
Ruhen lassen: 30 Minuten
Kochzeit: 15 Minuten

100 g Schalotten
1 Bund Frühlingszwiebeln
2 Knoblauchzehen
50 g Butter
Eine Handvoll Blattpetersilie
200 g Schwefelkopf-Pilze
200 g Shiitake-Pilze
200 g Austernpilze
100 ml Noilly Prat
1 Portion Nudelteig (siehe S. 21), aromatisiert mit 10 g fein geriebenen getrockneten Steinpilzen und ausgerollt auf Stärke 8.
125 g Butter
1 Bund Salbei
Frisch geriebener Parmesan zum Servieren
Salz und frisch gemahlener schwarzer Pfeffer

Vier Pilzravioli mit Salbeibutter

Experimentieren Sie bei Ihren Ravioli mit verschiedenen Füllungen. Diese Ravioli werden mit getrockneter Steinpilzpaste zubereitet und mit drei Pilzarten gefüllt – um einen echten Herbstgeschmack zu erzielen.

Schalotten, Frühlingszwiebel und Knoblauch mit der groben Raspeltrommel am Gemüseschneider auf Stufe 4 fein schneiden. Die Butter in einer großen Bratpfanne erhitzen und das Gemüse 5 Minuten lang anbraten, bis es weich ist. Die Pilze mit der groben Raspeltrommel zerkleinern. In die Pfanne geben und auf hoher Hitze kochen, bis die Pilze gebräunt sind und ihre Flüssigkeit verdampft ist. Mit dem Noilly Prat ablöschen, einkochen und abkühlen lassen. Die Petersilie fein schneiden und in die Pilzmischung unterrühren. Abschmecken.

Die Nudelblätter auf eine bemehlte Fläche legen. Mit einem glatten oder gerillten Ausstecher Kreise mit einem Durchmesser von 5 cm ausstechen. Einen Spritzbeutel mit großer glatter Düse mit der Pilzmischung füllen und eine Teelöffel große Menge auf die Hälfte der Nudelkreise spritzen. Sie können auch einen Teelöffel zum Füllen der Nudelkreise verwenden. Die Ränder der restlichen Nudelkreise anfeuchten und auf den Nudelkreis mit der Füllung geben, sodass die Füllung gut eingeschlossen ist. Die Ränder des Nudelteigs fest aneinanderdrücken, und darauf achten, dass keine Luft in den Ravioli eingeschlossen ist, da sie ansonsten beim Kochen aufspringen. Die Ravioli mit Mehl bestreuen und 30 Minuten rasten lassen.

Die Ravioli in reichlich kochendem Salzwasser ungefähr 3 bis 4 Minuten – oder bis die Nudeln al dente sind – kochen. In der Zwischenzeit die Butter auf mittlerer Flamme schmelzen. Die Salbeiblätter pflücken, in die Butter geben und knusprig anbraten. Die Ravioli gut abgießen und vorsichtig in der Salbeibutter schwenken. Sofort mit frisch geriebenem Parmesan servieren.

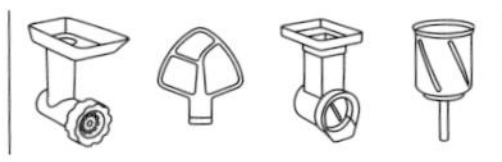

Senf-Tortellini mit Räucherlachs und Lauchcreme

Für 4-6 Portionen
Zubereitung: 40 Minuten
Ruhen lassen: 30 Minuten
Kochzeit: 10 Minuten

100 g Räucherlachs
150 g Gravlax (schwedischer, mit Dill marinierter Lachs)
200 g Frischkäse
¼ TL Cayenne-Pfeffer
Geriebene Schale von 1 Zitrone
2 EL fein gehackter Dill
1 Ei
1 Portion Nudelteig (siehe S. 21), aromatisiert mit 1 EL grobem Senf und ausgerollt auf Stärke 7.
2 Lauchstangen
50 g Butter
100 ml Noilly Prat
250 ml Crème Fraîche
1 EL grober Senf
Salz und frisch gemahlener schwarzer Pfeffer

Bei Tortellini ist die Wahl der Zutaten – genauso wie bei Ravioli – völlig Ihnen überlassen. Sorgen Sie jedoch dafür, dass Sie eine wirklich würzige Füllung verwenden.

Den Räucherlachs und den Gravlax in der Mengschüssel mit der feinen Mahlscheibe am Fleischwolf auf Stufe 4 zerkleinern. Anschließend mit dem Flachrührer Frischkäse, Cayenne-Pfeffer, Zitronenschale, die Hälfte des Dills und das Ei auf Stufe 2 untermischen. Abschmecken.

Die Nudelblätter auf eine bemehlte Fläche legen und Quadrate von 6-7 cm ausschneiden. Die Lachsfüllung in einen Spritzbeutel mit großer glatter Düse füllen und Teelöffel große Häufchen in die Mitte der Nudelquadrate spritzen. Sie können auch einen Teelöffel zum Füllen der Nudelquadrate verwenden. Die Ränder der Nudelblätter mit etwas Wasser anfeuchten und einfalten, um die Füllung zu umschließen und Dreiecke formen dann die Ränder rund um die Füllung biegen und sie zusammendrücken, damit sie kleine Bischofsmützen formen. Die Tortellini mit Mehl bestäuben und 30 Minuten trocknen lassen.

In der Zwischenzeit den Lauch mit der Schneidetrommel am Gemüseschneider auf Stufe 4 schneiden. Die Butter in einem Kochtopf schmelzen und den Lauch 5 Minuten lang sautieren, bis er weich ist. Noilly Prat hinzufügen und um die Hälfte reduzieren. Die Crème Fraîche dazugeben und einkochen lassen. Vom Herd nehmen, und Senf und den restlichen Dill untermengen. Abschmecken und warm halten.

Die Tortellini in reichlich kochendem Salzwasser 3 bis 4 Minuten lang al dente kochen. Die Torellini abgießen, und wieder in den Kochtopf geben. Die Lauchcreme vorsichtig unterheben und sofort servieren. Mit einer Prise Cayenne-Pfeffer garnieren.

Kürbis-Gnocchi
mit Rucola und Ziegenkäse-Pesto

Diese Gnocchi werden mit Kürbis anstelle von Kartoffeln zubereitet und haben einen sehr milden Geschmack. Rucolapesto ist ein hervorragender Begleiter, aber auch andere Kräuterpestos können verwendet werden.

Für 4 Portionen
Zubereitung: 45 Minuten
Abkühlen: über Nacht
Kochzeit: 10 Minuten

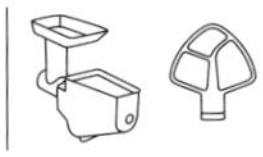

750 g Kürbis
2 EL Butter
175 g Mehl
1 Eigelb
1 Portion Pesto mit Rucola und Ziegenkäse (siehe S. 19)
Geschmolzene Butter und Parmesanspäne zum Servieren
Salz und frisch gemahlener schwarzer Pfeffer

Den Kürbis schälen und in große Stücke schneiden. Den Kürbis 30 Minuten im Ofen bei 200°C/Gas Stufe 6 braten, dann mit dem Pürieraufsatz auf Stufe 4 pürieren. Das Kürbispüree mit der Butter in einen Kochtopf geben und auf großer Flamme kochen, bis der Kürbis ausgetrocknet ist. Wieder in die Mengschüssel geben und Mehl und Eigelb hinzufügen. Abschmecken, und mit dem Flachrührer auf Stufe 2 zu einem weichen Teig vermischen. Über Nacht abkühlen lassen.

Am nächsten Tag den Teig auf eine stark bemehlte Fläche geben und in lange Würstchen mit einem Durchmesser von rund 1,5 cm ausrollen. In Stücke von 2 cm schneiden und alle Gnocchi mit einer Gabel leicht eindrücken, damit das charakteristische Muster entsteht.

Einen großen Topf Salzwasser zum Kochen bringen und die Gnocchi nach und nach kochen. Die Gnocchi gut abgießen und warm halten, während Sie den Rest zubereiten. Wenn alle Gnocchi gekocht sind, in geschmolzener Butter schwenken und das Pesto untermengen. Sofort mit geriebenem Parmesan servieren.

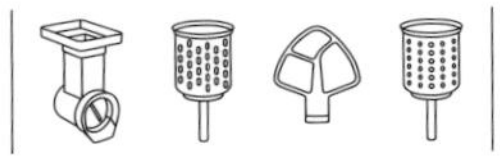

Cannelloni mit Spinat, Ricotta und Walnüssen

Für 4-6 Portionen
Zubereitung: 30 Minuten
Kochzeit: 35 Minuten

600 g frischer Spinat
75 g Schalotten
100 g Walnüsse
40 g Butter
2 EL Weinbrand
400 g Ricotta
2 Eier
75 ml Sahne mit hohem Fettgehalt
Prise frisch geriebene Muskatnuss
100 g Pecorino Romano
75 g Parmesan
½ Portion Nudelteig (siehe S. 21), ausgerollt auf Stärke 7
1 Portion Tomatensauce (siehe S. 20)
Salz und frisch gemahlener schwarzer Pfeffer

Spinat und Ricotta sind eine klassische Kombination für vegetarische Nudelgerichte. In diesem Rezept wird das Gericht durch Hinzufügung von knusprigen Walnüssen und salzigem Käse aufgefrischt.

Den Spinat waschen und harte Stiele entfernen. Den Spinat kurz in kochendem Salzwasser blanchieren, sofort in eiskaltem Wasser abschrecken und sämtliche überschüssige Flüssigkeit ausdrücken. Den Spinat fein hacken.

Die Schalotten und die Walnüsse mit der mittelgroben Raspeltrommel am Gemüseschneider auf Stufe 4 klein schneiden. Die Butter in einer großen Bratpfanne erhitzen und die Schalotten und Walnüsse 5 Minuten lang anbraten, bis sie goldbraun sind. Mit dem Weinbrand ablöschen und den Spinat unterrühren. Den Inhalt der Pfanne in die Mengschüssel geben. Ricotta, Eier, Sahne und Muskatnuss mit dem Flachrührer auf Stufe 2 in die Spinatmischung rühren und abschmecken. Parmesan und Pecorino mit der feinen Raspeltrommel am Gemüseschneider auf Stufe 4 reiben. Zwei Drittel des geriebenen Käses in die Spinatmischung geben.

Den Ofen auf 200°C/Gas Stufe 6 vorheizen. Die Nudelblätter auf eine bemehlte Fläche legen und zu Rechtecken von 15 cm x 7 cm schneiden. Sie benötigen ungefähr 12 Nudelblätter. Die Nudelblätter nach und nach 30 Sekunden in reichlich kochendem Salzwasser kochen. Danach die Nudelblätter in kaltem Wasser mit etwas Olivenöl abschrecken und auf trockenen Geschirrtüchern abtropfen lassen. Zudecken, damit die Nudelblätter nicht austrocknen.

Ungefähr 2 Esslöffel Spinatfüllung auf eine lange Seite eines Nudelblattes legen. Die Ränder befeuchten und aufrollen, sodass die Fülle bedeckt ist. Das Röllchen mit der Naht nach unten in eine eingefettete Ofenschale legen. Mit der restlichen Füllung und den restlichen Nudelblättern wiederholen. Die Tomatensauce darüber gießen und mit dem restlichen Käse bestreuen. 25 Minuten backen, bis die Cannelloni goldbraun sind und Blasen werfen.

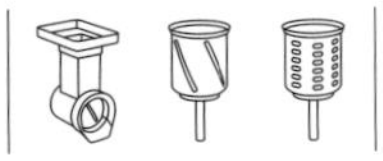

Für 4 Portionen
Zubereitung: 30 Minuten
Kochzeit: 30 Minuten

1 kg Spargel, vorzugsweise weiß, oder aber grün
12 Frühlingszwiebeln
25 g Butter
100 ml Champagner
2 x 600 g Hummer, frisch gekocht
3 EL Crème Fraîche
3 EL Pflanzenöl
100 g Stangensellerie
50 g Karotten
800 ml Hummerfonds
400 ml Sahne mit hohem Fettgehalt
50 g geschmolzene Butter
½ Portion Nudelteig (siehe S. 21), aromatisiert mit 3 Kapseln Safranpulver und ausgerollt auf Stärke 7.
2 EL fein gehackter Estragon
Meersalz und frisch gemahlener schwarzer Pfeffer

Cannelloni mit Hummer und Spargel

Cannelloni werden häufig mit Fleisch oder Gemüse gefüllt, schmecken jedoch auch vorzüglich mit Meeresfrüchten, insbesondere mit Hummer und Krabbe.

Den Spargel schälen und mit der Schneidetrommel am Gemüseschneider auf Stufe 4 in kleine runde Stücke schneiden. Die Frühlingszwiebel schneiden. Den Spargel und die Frühlingszwiebel in der Butter sautieren, bis sie weich sind. Champagner beigeben, und auf hoher Flamme 5 Minuten kochen, bis der Spargel weich und die Flüssigkeit eingekocht ist. Abkühlen lassen. Den Hummer aufbrechen und das Fleisch herausnehmen. Das Hummerfleisch in 1 cm große Würfel schneiden und mit dem Spargel vermengen. Die Crème Fraîche unterheben und abschmecken.

Das Öl in einem großen Topf erhitzen und die Hummerschalen auf hoher Hitze sautieren. Sellerie und Karotten mit der mittelgroben Raspeltrommel am Gemüseschneider auf Stufe 4 schneiden, in den Topf geben und 5 Minuten weich kochen. Den Hummerfonds und Sahne beigeben und auf die Hälfte einkochen lassen. Die Sauce durchsieben.

Den Ofen auf 200°C/Gas Stufe 6 vorheizen. Die Nudelblätter auf eine bemehlte Fläche legen und in Rechtecke mit einer Größe von 12 cm x 6 cm schneiden. Die Nudelblätter nach und nach 30 Sekunden lang in reichlich kochendem Salzwasser gar kochen. Danach die Nudelblätter in kaltem Wasser mit etwas Olivenöl abschrecken und auf trockenen Geschirrtüchern abtropfen lassen. Zudecken, damit die Nudelblätter nicht austrocknen.

Ungefähr 2 Esslöffel Hummerfüllung auf ein Ende eines Nudelblattes legen. Die Ränder befeuchten und aufrollen, sodass die Füllung bedeckt ist. Die Cannelloni mit der Naht nach unten in eine eingefettete ofenfeste Schale geben. Mit der restlichen Füllung und den restlichen Nudelblättern wiederholen. Die geschmolzene Butter darüber gießen und 20 Minuten backen, dabei regelmäßig mit der Butter begießen.

In der Zwischenzeit die Hummersauce langsam erhitzen und den Estragon untermischen. Die Cannelloni in der jetzigen Form servieren oder in Kreise schneiden und mit der Schnittseite nach oben servieren. Die Cannelloni mit der Sauce beträufeln.

Lasagne alla bolognese

Diese klassische Lasagne ist rasch fertig, wenn Sie die verschiedenen Zutaten im Voraus vorbereiten. Sie können dieses Rezept auch für Cannelloni alla bolognese verwenden.

Für 4-6 Portionen
Zubereitung: 30 Minuten
Kochzeit: 35 Minuten

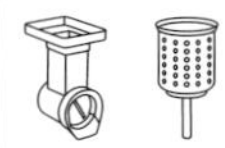

½ Portion Nudelteig (siehe S. 21), ausgerollt auf Stärke 6
50 g Parmesan
1 Menge Béchamelsauce (siehe S. 19).
2 EL fein gehackter Rosmarin
1 Menge Ragù (siehe S. 20)
Salz und frisch gemahlener schwarzer Pfeffer

Den Ofen auf 200°/Gas Stufe 6 vorheizen. Die Nudelblätter auf eine bemehlte Fläche legen und zu Rechtecken mit einer Größe von 15 cm x 7 cm schneiden; Sie benötigen ungefähr 12 Nudelblätter. Die Nudelblätter nach und nach 30 Sekunden in reichlich kochendem Salzwasser kochen. Danach die Nudelblätter in kaltem Wasser mit etwas Olivenöl abschrecken und auf trockenen Geschirrtüchern abtropfen lassen. Zudecken, damit die Nudelblätter nicht austrocknen.

Den Parmesan mit der feinen Raspeltrommel am Gemüseschneider auf Stufe 4 reiben. Die Hälfte des Parmesans in die Béchamelsauce einrühren. Den Rosmarin in das Ragù mischen.

Eine Schicht Nudelblätter in eine eingefettete große Ofenschale legen. Die Hälfte des Ragù und ein Drittel der Béchamelsauce darauf verteilen und mit einer Lage Nudelblätter bedecken. Diese Lagen wiederholen und mit der restlichen Béchamelsauce und Parmesan abschließen. 20 bis 25 Minuten backen, bis die Lasagne goldbraun ist und Blasen wirft.

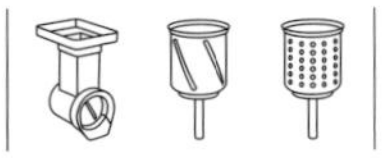

Offene Lasagne mit geröstetem Gemüse und Kräuterricotta

Für 4-6 Portionen
Zubereitung: 30 Minuten
Kochzeit: 20 Minuten

1 Portion Nudelteig (siehe S. 21), zubereitet mit 4 EL Pesto (siehe S. 19) anstatt 1 Ei, und ausgerollt auf Stärke 7
2 kleine Zucchini
1 roter Paprika
1 gelber Paprika
1 Fenchelknolle
250 g Kirschtomaten
4 EL Olivenöl
25 g Parmesan
1 Bund Majoran oder Basilikum
2 EL Olivenöl Extra Virgine
250 g Ricotta
Olivenöl Extra Virgine zum Beträufeln
Salz und frisch gemahlener schwarzer Pfeffer

Wenn man die gekochte Tomatensauce durch Kirschtomaten ersetzt und die Lasagne nicht im Ofen bäckt, erhält man ein leichteres Gericht, ideal für den Sommer.

Den Ofen auf 220°C/Gas Stufe 7 vorheizen. Die Nudelblätter auf eine bemehlte Fläche legen und in Rechtecke mit einer Größe von 12 cm x 10 cm schneiden. Die Nudelblätter nach und nach 30 Sekunden lang in reichlich kochendem Salzwasser gar kochen. Danach die Nudelblätter in kaltem Wasser mit etwas Olivenöl abschrecken und auf trockenen Geschirrtüchern abtropfen lassen. Abdecken, damit die Nudelblätter nicht austrocknen und warm halten.

Zucchini, Paprika und Fenchel mit der Schneidetrommel am Gemüseschneider auf Stufe 4 schneiden. Das Gemüse in einen Bräter geben und mit Olivenöl beträufeln. Das Gemüse 15 Minuten lang braten, bis es etwas weicher wird. Die Kirschtomaten hinzufügen und weitere 5 Minuten rösten. Aus dem Ofen nehmen.

Den Parmesan mit der feinen Raspeltrommel am Gemüseschneider auf Stufe 4 reiben. Majoran oder Basilikum grob hacken. Parmesan, Majoran oder Basilikum und Olivenöl Extra Virgine in den Ricotta mengen. Abschmecken.

Ein Nudelblatt auf jeden Teller geben und mit dem gerösteten Gemüse belegen. Etwas Ricotta-Mischung darauf geben und mit einem weiteren Nudelblatt abdecken. Diese Schichten wiederholen und mit etwas Olivenöl Extra Virgine beträufeln. Sofort servieren.

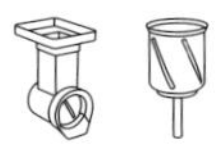

In Champagner pochierter Lachs mit eingelegten Gurken

Ein ganzer pochierter Lachs ist ein tolles sommerliches Partygericht. Mit hausgemachter Zitronenmayonnaise oder Aioli servieren.

Für 6-8 Portionen
Zubereitung: 50 Minuten
Ruhen lassen: 2 Stunden
Kochzeit: 1 Stunde 5 Minuten

1 ganzer Lachs mit 2 kg, geschuppt und ausgenommen
1 Zwiebel
1 Zitrone
2 Stangensellerie
½ Fenchelknolle
Handvoll Petersilie
2 Lorbeerblätter
400 ml Champagner
750 ml Wasser

Eingelegte Salatgurke:
3 große Schalotten
3 große Salatgurken
50 g feines Meersalz
500 g Zucker
500 ml Weißweinessig
1 EL gelbe Senfkörner
1 TL Koriandersamen
10 schwarze Pfefferkörner
2 Lorbeerblätter

Zuerst die eingelegte Salatgurke zubereiten. Schalotten und Gurken mit der Schneidetrommel am Gemüseschneider auf Stufe 4 schneiden. Das Gemüse in ein Küchensieb schlichten und jede Schicht salzen. Mit einem Teller bedecken und mit einigen Gewichten beschweren. 2 Stunden stehen lassen, dann möglichst viel Flüssigkeit ausdrücken.

In einem großen Kochtopf Zucker und Weißweinessig mit den Gewürzen und den Lorbeerblättern zum Kochen bringen. Rühren, bis sich der Zucker aufgelöst hat. Das ausgedrückte Gemüse beigeben und nicht zugedeckt 1 Minute köcheln lassen. Vom Herd nehmen, das Gemüse abgießen und die Flüssigkeit auffangen. Das Gemüse in heiße sterilisierte Gläser füllen. Die Flüssigkeit wieder zum Kochen bringen und 15 Minuten lang einkochen lassen, dann auf das Gemüse gießen. Vollständig abkühlen lassen und die Gläser verschließen.

Den Lachs vorsichtig spülen und mit Küchenrolle trocken tupfen. Die Haut nicht entfernen: dies hilft dabei, den Fisch beim Kochen intakt zu halten. Zwiebel, Zitrone, Sellerie und Fenchel mit der Schneidetrommel am Gemüseschneider auf Stufe 4 schneiden. Mit den Petersilienstängeln, Lorbeerblättern und Champagner in einen Fischtopf oder einen großen Kochtopf geben, gemeinsam mit den Petersilienstängeln, den Lorbeerblättern und Champagner. Das Wasser beigeben und zum Kochen bringen. Die Hitze reduzieren und 10 Minuten köcheln lassen.

Den Lachs auf das Gemüse geben. Wieder zum Kochen bringen und den Lachs 10 Minuten pro 450 g Gewicht köcheln lassen. Danach den Fischtopf oder Kochtopf vom Herd nehmen, und den Lachs in seiner eigenen Flüssigkeit abkühlen lassen.

Wenn der Lachs abgekühlt ist, aus dem Fischtopf oder Kochtopf nehmen und vorsichtig die Haut abziehen und Augen und Kiemen entfernen. Das Rückgrat am Kopf und Schwanz mit einer Schere abschneiden und die Gräte vorsichtig vom Fleisch lösen. Mit der eingelegten Gurke servieren.

Für 4 Portionen
Zubereitung: 10 Minuten
Marinade: 15 Minuten
Abkühlen: 1 Stunde
Kochzeit: 5 Minuten

1 kleine rote Zwiebel
2 Knoblauchzehen
1 TL gemahlener Kümmel
1 TL Paprikapulver
2 Kapseln Safranpulver
¼ TL Cayenne-Pfeffer
4 EL Zitronensaft
6 EL Olivenöl
1 Bund Koriander
½ Bund Blattpetersilie
600-700 g frischer Thunfisch
Salz und frisch gemahlener schwarzer Pfeffer

Eingelegtes Zitronen-Couscous:
200 g Couscous
75 g Rosinen
250 ml heiße Hühnerbrühe
75 g geschälte Pistazien
1 eingelegte Zitrone (im marokkanischen Delikatessenhandel erhältlich)
4 EL Olivenöl Extra Virgine
Ein Spritzer Zitronensaft
Eine Handvoll Koriander

Chermoula Thunfisch-Burger mit eingelegtem Zitronen-Couscous

Chermoula ist eine marokkanische Kräuterpaste, die als Marinade, als Dressing für Salate oder Couscous oder als Aromastoff für diese Thunfisch-Burger verwendet werden kann. Achten Sie darauf, die Burger nicht zu viel zu braten, da der Thunfisch dann austrocknet und die Chermoula ihren Duft verliert.

Zuerst die Chermoula zubereiten. Zwiebel und Knoblauch mit der mittelgroben Raspeltrommel am Gemüseschneider auf Stufe 4 in der Mengschüssel reiben. Die Gewürze, den Zitronensaft und 3 Esslöffel Olivenöl beigeben. 15 Minuten ziehen lassen.

Das Zitronen-Couscous zubereiten. Das Couscous und die Rosinen in eine Schüssel geben und die heiße Hühnerbrühe darüber gießen. Abdecken und 15 Minuten – oder bis das Couscous und die Rosinen die Hühnerbrühe aufgenommen haben – ziehen lassen. Das Couscous mit einer Gabel auflockern. Die Pistazien und die Zitronenschale (das Fleisch wegwerfen) grob hacken. Mit dem Olivenöl Extra Virgine in das Couscous einrühren und mit Zitronensaft abschmecken. Den Koriander fein hacken und in das Couscous einmengen. Abschmecken.

Den Thunfisch in der Mengschüssel mit der groben Mahlscheibe am Fleischwolf auf Stufe 4 zerkleinern. Drei Viertel der Chermoula hinzufügen. Den Flachrührer aufsetzen und auf Stufe 2 mixen, bis der Thunfisch und die Chermoula gut vermischt sind. Abschmecken. Koriander und Petersilie fein hacken. Den Thunfisch auf Stufe 1 untermischen. Aus der Thunfischmischung 4 Burger formen und 1 Stunde abkühlen lassen. Vor dem Braten auf Zimmertemperatur bringen.

Das restliche Olivenöl in einer Pfanne mit Antihaftbeschichtung erhitzen und die Thunfisch-Burger auf hoher Hitze 1 bis 2 Minuten auf jeder Seite braten. Sie sollten außen goldbraun sein, innen jedoch rare bis medium rare. Sofort mit dem Couscous und der restlichen Chermoula servieren.

Fisch und Pommes Frites mit Erbsenpüree und Minze

Dies ist meine Version des britischen Nationalgerichts. Ich bevorzuge Pommes Frites anstelle der traditionellen grob geschnittenen Fritten und serviere das Gericht mit Erbsenpüree mit Minze.

Für 4 Portionen
Zubereitung: 10 Minuten
Kochzeit: 35 Minuten

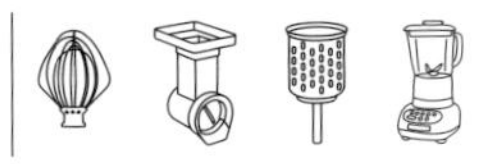

100 g Mehl
100 g Speisestärke
½ TL Salz
200-300 ml eiskaltes Lagerbier
600 g weiße Fischfilets, z.B. Seezunge, Glattbutt oder Scholle
Sonnenblumenöl zum Frittieren
1 Portion Pommes Frites (siehe S. 128) zum Servieren.
Meersalzflocken und weißer Balsamico-Essig zum Beträufeln

Erbsenpüree:
2 Schalotten
25 g Butter
300 g Tiefkühlerbsen
½ Bund Minze
Eine kräftige Prise Zucker
150 ml trockener Weißwein
150 ml Sahne mit hohem Fettgehalt
Salz und frisch gemahlener schwarzer Pfeffer

Mehl, Speisestärke und Salz in die Mengschüssel sieben. Mit dem Schneebesen auf Stufe 4 in genügend Lagerbier langsam aufschlagen, bis Sie eine glatte Masse erhalten. Abdecken und ziehen lassen.

Die Schalotten mit der mittelgroben Raspeltrommel am Gemüseschneider auf Stufe 4 fein hacken und in der Butter sautieren, bis sie weich sind. Die Erbsen, die Hälfte der Minzeblätter und den Zucker untermischen. Abschmecken, Weißwein hinzufügen und den Kochtopf abdecken. 30 Minuten lang auf kleiner Hitze kochen, bis die Erbsen weich sind.

Den Deckel vom Kochtopf nehmen, die Sahne dazugeben und auf mittlerer bis hoher Flamme kochen, bis der Großteil der Sahne eingedickt ist. Vom Herd nehmen und in den Blender füllen. Auf Stufe pürieren, bis die Masse glatt ist. Die restliche Minze hinzufügen und erneut mischen, sodass die Minze noch stets im Erbsenpüree sichtbar ist. Warm halten.

Das Sonnenblumenöl in einer Friteuse auf 180°C erhitzen. Den Fisch in 8 Stücke schneiden und jedes Stück in den Teig eintauchen, bis der Fisch überall gut bedeckt ist. In zwei Gängen 2 bis 3 Minuten lang knusprig und goldbraun frittieren. Mit einem Schaumlöffel aus der Friteuse heben und auf Küchenrolle abtropfen lassen. Dann mit Meersalz und weißem Balsamico-Essig garnieren. Mit Erbsenpüree und Pommes Frites servieren.

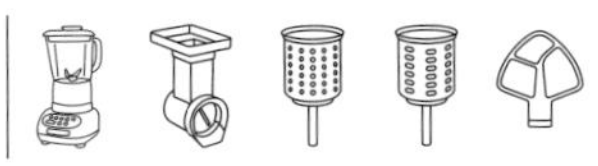

Für 4 Portionen
Zubereitung: 10 Minuten
Marinade: 1 Stunde
Backzeit: 10 Minuten

- 1 ½ EL Koriandersamen
- 1 EL Kümmel
- 1 EL Paprika
- 1 roter Bird's-eye Chili
- 2 große Knoblauchzehen
- 5 cm frischer Ingwer
- 2 EL Zitronensaft
- 1 TL Garam Masala (indische Gewürzmischung)
- ¼ TL Kurkuma
- 200 ml Naturjoghurt
- 4 Stücke Lachsfilet ohne Haut mit je 175 g
- 1 EL Erdnussöl
- Zitronenspalten zum Servieren
- Salz und frisch gemahlener schwarzer Pfeffer

Salat:

- 75 g frische Kokosnuss
- ¼ Salatgurke
- 1 milder grüner Chili
- ½ TL Salz
- 2 EL fein gehackte Minze
- 2 EL Rosinen
- 2 EL Sonnenblumenöl
- 1 TL schwarze Senfkörner

Tandoori-Lachs mit Salat aus frischen Kokosnüssen, Gurken und Minze

Der Geschmack von Lachs wird besser, wenn Sie ihn einige Stunden oder über Nacht marinieren lassen. Die Marinade eignet sich auch für Huhn und Meeresfrüchte. Der Salat kann mit verschiedenen Obst- oder Gemüsesorten zubereitet werden, wie beispielsweise rohe Tomaten, Karotten, Mango oder selbst getrocknete Datteln.

Koriander und Kümmel in einer trockenen Bratpfanne rösten, bis sie ihr Aroma freigeben. Aus der Pfanne nehmen und abkühlen, dann mit Mörser und Stößel oder einer Kaffeemühle zu einem feinen Pulver vermahlen.

Mit den nächsten 8 Zutaten im Blender auf Stufe rühren und abschmecken. Den Lachs spülen und mit Küchenrolle trocken tupfen. In eine flache Schale legen und den Fisch mit Ihren Händen mit Marinade einreiben. Abdecken und mindestens 1 Stunde marinieren lassen. Den Lachs gelegentlich mit der Marinade begießen.

Den Salat zubereiten. Die Kokosnuss in der Mengschüssel mit der feinen Raspeltrommel am Gemüseschneider auf Stufe 4 reiben. Die Gurken mit der groben Raspeltrommel raspeln. Den Chili entkernen und fein hacken. Mit Salz, Minze und Rosinen in die Mengschüssel geben. Mit dem Flachrührer auf Stufe 1 mixen, bis alles gut vermischt ist. Das Öl in einem kleinen Kochtopf erhitzen und die Senfkörner anbraten, bis sie aufspringen. In den Salat geben und erneut auf Stufe 2 mixen.

Den Ofen auf 240°C/Gas Stufe 8 vorheizen. Den Lachs 8 bis 10 Minuten oder solange, bis er gar ist, backen. Mit Salat, Zitronenspalten und gekochtem Reis servieren.

Scharf angebratener Wolfsbarsch mit Blutorangen-Hollandaise

Sauce Hollandaise ist eigentlich eine warme Mayonnaise, die traditionellerweise mit Zitronensaft aromatisiert wird. Sie kann allerdings mit jeder anderen Zitrusfrucht zubereitet werden, beispielsweise mit rosa Grapefruits und Limonen.

Für 4-6 Portionen
Zubereitung: 5 Minuten
Kochzeit: 20 Minuten

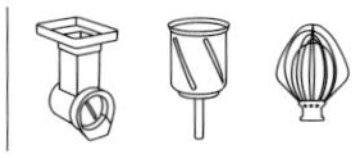

1 Schalotte
100 ml frisch ausgepresster Blutorangensaft
1 TL Honig (wahlweise)
4 Eigelbe
250 g warme geschmolzene Butter, vorzugsweise geklärt
Ein Spritzer Zitronensaft
4-6 Wolfsbarschfilets von 150 g, mit Haut
1 EL Olivenöl
1 EL Butter
Salz und frisch gemahlener schwarzer Pfeffer

Die Schalotten mit der Schneidetrommel am Gemüseschneider auf Stufe 4 schneiden. Mit dem Blutorangensaft und gegebenenfalls Honig in einen kleinen Kochtopf geben, zum Kochen bringen und auf die Hälfte einkochen lassen. In die Mengschüssel seihen.

Das Eigelb hinzufügen und mit dem Schneebesen auf Stufe 8 schlagen, bis die Masse schaumig ist. Bei laufendem Motor die geschmolzene Butter in die Mengschüssel geben: Zuerst tropfenweise, und dann, wenn die Sauce Hollandaise einzudicken beginnt, sehr langsam. Mit Salz und Pfeffer und einem Spritzer Zitronensaft würzen. Abdecken und warm halten.

Die Wolfsbarschfilets nur auf der Fleischseite würzen. Olivenöl und Butter in einer Bratpfanne mit Antihaftbeschichtung erhitzen und die Filets mit der Haut nach unten auf großer Hitze braten, bis sie gerade gar sind. Umdrehen und 15 Sekunden lang auf der Fleischseite braten. Die Wolfsbarschfilets mit der Haut nach oben auf warmen Tellern anrichten, abschmecken und die Sauce Hollandaise darüber und rundherum löffeln. Mit gedämpftem grünem Spargel oder gegrilltem Fenchel servieren.

Finnische Fleischbällchen mit Meerrettichcreme und Preiselbeerkompott

Für 6 Portionen
Zubereitung: 30 Minuten
Aufquellen: 30 Minuten
Abkühlen: 20 Minuten
Kochzeit: 20 Minuten

3 Scheiben altbackenes Weißbrot
150 ml Milch
500 g mageres Rindfleisch
500 g Schweinefleisch
1 rote Zwiebel
1 großes Ei
1 ½ TL gemahlenes Piment
2 EL Sonnenblumenöl
60 g Butter
1-2 EL Mehl
400 ml Hühnerbrühe
200 g Sauerrahm
Geriebene Schale von 1 Zitrone
1-2 EL Meerrettichcreme
Salz und frisch gemahlener schwarzer Pfeffer

Preiselbeerkompott:
500 g Preiselbeeren (oder Moosbeeren)
1 fein gehackte rote Zwiebel
Geriebene Schale und Saft von 1 Zitrone
125 ml Wasser
200 g Zucker

Diese Fleischbällchen werden mit einem beliebten finnischen Gewürz mit dem Namen Piment gewürzt. Sein Aroma erinnert an Gewürznelken, Muskatnuss, Zimt und schwarzen Pfeffer. Falls Sie dieses Piment nicht finden, können Sie es durch eine Gewürzmischung ersetzen.

Zuerst das Preiselbeerkompott zubereiten. Die Preiselbeeren mit der Zwiebel, der Zitronenschale und dem Saft sowie dem Wasser in einen Kochtopf geben. Zum Kochen bringen und dann 15 Minuten lang köcheln lassen, bis das Kompott eingedickt ist. Zucker hinzufügen und rühren, bis er sich aufgelöst hat, dann vom Herd nehmen und auf Zimmertemperatur abkühlen lassen.

Die Krusten vom Brot entfernen und das Brot 30 Minuten in der Milch einweichen, bis das Brot die gesamte Milch aufgenommen hat. Rindfleisch, Schweinefleisch und Zwiebel in der Mengschüssel mit der feinen Mahlscheibe am Fleischwolf auf Stufe 4 hacken. Ei, Piment und das eingeweichte Brot hinzufügen. Dann mit dem Flachrührer auf Stufe 4 mixen, bis alles gut vermengt ist. Abschmecken und 20 Minuten ziehen lassen.

Aus der Fleischmischung Bällchen in Walnussgröße formen. Das Öl und 40 g Butter in einer großen Bratpfanne erhitzen und die Fleischbällchen nach und nach braten, bis sie goldbraun und gar sind. Warmhalten. Wenn alle Fleischbällchen gebraten sind, den Großteil des Fettes wegwerfen. Die restliche Butter in die Bratpfanne geben und das Mehl einrühren. 2 Minuten lang anschwitzen, bis die Mehlschwitze goldfarben ist, dann die Brühe unterrühren, bis sich eine glatte Sauce bildet. Sauerrahm, Zitronenschale und Meerrettichsauce hinzufügen und gut vermischen. Die Fleischbällchen wieder in den Kochtopf geben und in der Sauce wälzen. Mit dem Preiselbeerkompott und etwas gekochtem Reis servieren.

Polpette mit Mascarpone-Tomaten-Sauce

Diese italienischen Fleischbällchen werden mit Fenchelsamen und Zitrone aufgepeppt, aber auch ein Versuch mit Zimt und Basilikum oder Rosmarin und Orange lohnt. Sie können den Mascarpone weglassen und die Fleischbällchen mit Fontina, Taleggio oder – weniger authentisch – Schafskäse servieren.

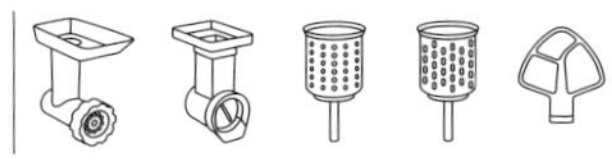

Für 4 Portionen
Zubereitung: 20 Minuten
Abkühlen: 20 Minuten
Kochzeit: 30 Minuten

50 g altbackenes Weißbrot
4 EL Milch
400 g mageres Rindfleisch
50 g Parmesan
½ kleine rote Zwiebel
1 Knoblauchzehe
3 EL Olivenöl
1 TL Fenchelsamen
Geriebene Schale von 1 Zitrone
1 Ei
½ Menge Tomatensauce (siehe S. 20), aromatisiert mit 2 EL fein gehacktem Basilikum
125 g Mascarpone
Salz und frisch gemahlener schwarzer Pfeffer

Die Kruste vom Brot entfernen und die Milch darüber gießen. 10 Minuten lang einweichen, bis das Brot die ganze Milch aufgenommen hat. In die Mengschüssel geben. Das Rindfleisch in der Mengschüssel mit der feinen Mahlscheibe am Fleischwolf auf Stufe 4 hacken.

Den Parmesan mit der feinen Raspeltrommel am Gemüseschneider auf Stufe 4 reiben. Zwiebel und Knoblauch mit der mittelgroben Raspeltrommel hacken. 1 Esslöffel Olivenöl in einer Bratpfanne erhitzen und Zwiebel und Knoblauch 5 Minuten lang sautieren, bis sie weich sind. 5 Minuten abkühlen lassen und mit Parmesan, Fenchelsamen, Zitronenschale und Ei in die Mengschüssel geben. Zum Flachrührer wechseln und auf Stufe 4 mixen, bis alles gut vermengt ist. Abschmecken und 20 Minuten ziehen lassen.

Aus der Fleischmischung Bällchen in der Größe von Kirschtomaten formen. Das restliche Olivenöl in einer großen Bratpfanne erhitzen und die Fleischbällchen nach und nach braten, bis sie goldbraun und gar sind. Die Tomatensauce langsam erwärmen und den Mascarpone unterrühren. Die Fleischbällchen darin wälzen und mit Spaghetti oder Tagliatelle servieren.

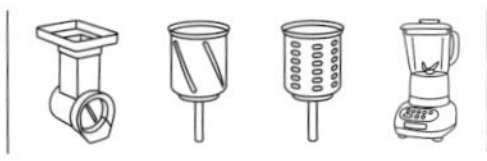

Laksa mit Huhn und Meeresfrüchten

Für 4 Portionen
Zubereitung: 15 Minuten
Kochzeit: 25 Minuten

150 g Reisnudeln
1 roter Paprika
1 gelber Paprika
125 g Zuckererbsen
1 Zwiebel
1-2 rote Bird's-eye Chilis
2 Zitronengrasstängel
2 Knoblauchzehen
2,5 cm geschälter Ingwer
25 g Macadamia-Nüsse
2 EL Erdnussöl
1 TL Kurkuma
300 g Hühnerbrustfilets
600 ml Kokosmilch
400 ml Hühnerbrühe
12 rohe und geschälte mittelgroße Garnelen
3-4 EL Fischsauce
Saft von 1 Limone
1 Bund Koriander

Laksa ist ein malaysisches Nudelgericht, eine Kreuzung zwischen Suppe und Eintopf, wobei Gemüse, Meeresfrüchte und/oder Fleisch mit einer würzigen Brühe serviert werden. Letztere wird häufig mit Kurkuma aromatisiert und gefärbt.

Die Reisnudeln in eine Schüssel geben, mit kochendem Wasser bedecken und aufquellen lassen. Die Paprika und die Zuckererbsen mit der Schneidetrommel am Gemüseschneider auf Stufe 4 schneiden.

Die grobe Raspeltrommel aufsetzen und die Zwiebel hacken. Zur Seite stellen, die Chilis, das geschnittene Zitronengras, Knoblauch, Ingwer und Macadamia-Nüsse im Blender auf Stufe  zu einer Paste vermischen. Das Öl in einem Wok erhitzen und die Zwiebel 5 Minuten sautieren, bis sie glasig sind. Die Gewürzpaste und Kurkuma hinzufügen und weitere 2 Minuten kochen. Das Huhn in Streifen oder mundgerechte Stücke schneiden. In den Wok geben und weitere 3 Minuten sautieren.

Die Kokosmilch und die Hühnerbrühe beigeben und zum Kochen bringen. Hitze reduzieren und 10 Minuten köcheln lassen, bis das Huhn gar ist. Das Gemüse und die Garnelen hinzufügen und 3 Minuten köcheln, bis das Gemüse bissfest ist und die Garnelen gerade gar sind.

Die Fischsauce und den Limonensaft hinzufügen. Den Koriander fein hacken und durch die Laksa rühren. Die Reisnudeln gründlich abtropfen lassen und in 4 Schüssel aufteilen. Die Laksa auf die Nudeln schöpfen und servieren.

Für 4 Portionen
Zubereitung: 15 Minuten
Kochzeit: 1 Stunde

2 EL Olivenöl
4 Hühnerschenkel ohne Haut
1 große Zwiebel
2 Knoblauchzehen
½ TL geriebener Zimt
1 TL gemahlener Koriander
1 TL gemahlener Kümmel
Eine große Prise Safranfäden
150 g getrocknete Aprikosen
50 g Sultaninen
600 ml Hühnerbrühe
200 g gehackte Tomaten aus der Dose
400 g Kichererbsen aus der Dose
1 Bund Koriander
50 g geröstete Mandelflocken
Salz und frisch gemahlener schwarzer Pfeffer

Karottensalat:
5 EL Olivenöl
Saft von ½ - 1 Zitrone
1 EL Orangenblütenwasser
1 EL Orangenblütenhonig
500 g Karotten
1 EL fein gehackter Koriander
Arganöl zum Abschmecken

Tahine mit Huhn und Aprikosen mit süßsaurem Karottensalat

Tahine ist ein marokkanisches Eintopfgericht, das in einer auffälligen konischen Kochform zubereitet wird, ist aber auch die Bezeichnung für die Kochform selbst. Der lange, langsame Kochvorgang führt dazu, dass das Huhn schmelzend zart wird.

1 Esslöffel Olivenöl in einem Kochtopf mit schwerem Boden erhitzen und das Huhn auf allen Seiten bräunen. Aus dem Topf nehmen. Zwiebel und Knoblauch mit der mittelgroben Raspeltrommel am Gemüseschneider auf Stufe 4 schneiden. In 1 Esslöffel Olivenöl 5 Minuten lang sautieren, bis sie glasig sind. Zimt, Koriander und Kreuzkümmel hinzufügen und noch eine Minute kochen.

Das Huhn wieder in den Topf geben und Safran, die Hälfte der Aprikosen, Sultaninen, Hühnerbrühe und Tomaten hinzufügen. Zum Kochen bringen, die Hitze reduzieren und den Topf abdecken. 40 Minuten lang köcheln lassen, bis das Huhn gar ist.

In der Zwischenzeit den Karottensalat zubereiten. Die ersten 4 Zutaten in die Mengschüssel geben und mit dem Schneebesen auf Stufe 4 schlagen, bis alles gut vermischt ist. Die Karotten in der Mengschüssel mit der groben Raspeltrommel am Gemüseschneider auf Stufe 4 schneiden. Mit dem Dressing vermischen und den Koriander hinzufügen. Mit einigen Tropfen Arganöl abschmecken.

Wenn das Huhn gar ist, die abgetropften Kichererbsen und die restlichen Aprikosen in die Tahine geben und weitere 10 Minuten köcheln lassen, bis die Aprikosen weich sind. Den Koriander fein hacken und durch die Tahine mischen. Vom Herd nehmen. Auf Tellern anrichten und mit Mandeln bestreuen. Mit dem Karottensalat servieren.

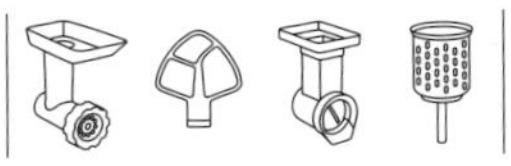

Für 4-6 Portionen
Zubereitung: 15 Minuten
Abkühlen: 1 Stunde
Kochzeit: 40 Minuten

800 g mageres Beefsteak
4 EL Olivenöl
1 EL Dijon-Senf
1 EL Worcestershire-Sauce
¼ - ½ TL Tabasco
60 g Essiggurken
60 g Zwiebel
60 g Kapern
4-6 sehr frische biologische Eigelbe
2 EL fein gehackte Blattpetersilie
Salz und frisch gemahlener schwarzer Pfeffer

Pommes Frites:
1 kg mehlige Kartoffeln
Erdnussöl zum Frittieren
Meersalzflocken zum Abschmecken

Beef Tartar mit Pommes Frites

Obwohl sie häufig irrtümlicherweise als „French fries“ bezeichnet werden, stammen Pommes Frites eigentlich aus Belgien. Es ist keine Übertreibung, wenn man behauptet, dass sie das belgische Nationalgericht sind. Damit sie so gut wie möglich werden, müssen die Pommes Frites zweimal frittiert werden.

Das Fleisch zuschneiden, dabei sämtliches Fett und Knorpel entfernen und in Würfel schneiden. Das Fleisch mit der groben Mahlscheibe am Fleischwolf auf Stufe 4 hacken. Diesen Vorgang wiederholen, damit das Fleisch fein genug gemahlen ist.

Dann mit dem Flachrührer Olivenöl, Senf, Worcestershire-Sauce und Tabasco auf Stufe 1 untermischen, bis alles gut vermengt ist. Abschmecken, in 4 bis 6 Portionen teilen und Steaks formen. Leicht abdecken und 1 Stunde lang ziehen lassen. Essiggurken, Zwiebel und Kapern gesondert mit der mittelgroben Raspeltrommel am Gemüseschneider auf Stufe 4 schneiden. In gesonderte Schalen geben.

Die Kartoffeln schälen, in 1 cm dicke Scheiben und dann in 5 mm dicke Streifen schneiden. Mit kaltem Wasser bedecken und 1 Stunde lang einweichen. Danach die Kartoffeln gründlich ausdrücken und mit einem sauberen Geschirrtuch trocken tupfen. Das Öl in einer Friteuse auf 170°C erhitzen. Die Kartoffeln nach und nach 3 bis 5 Minuten lang frittieren, bis sie weich, aber nach wie vor blass sind. Auf Küchenrolle abtropfen und vollständig auskühlen lassen.

Kurz vor dem Servieren das Öl erneut auf 190°C erhitzen und die blanchierten Pommes Frites 2 bis 4 Minuten lang knusprig und goldbraun frittieren. Auf Küchenrolle abtropfen lassen und mit Meersalz bestreuen. Das Beef Tartar auf Tellern anrichten und in jedem Steak eine flache Vertiefung machen. Vorsichtig ein Eigelb in die Vertiefung gleiten lassen. Mit kleinen Häufchen Essiggurken, Zwiebeln, Kapern und Petersilie garnieren. Mit den Pommes frites servieren.

Lamm in der Kruste mit Minze und Pistazien-Pesto

Dieses Lammgericht ist das ideale Rezept für ein Fest: Es ist einfach zuzubereiten und kann im Vorhinein vorbereitet werden. Sie können den Blätterteig durch Mürbeteig oder Brioche-Teig ersetzen.

Für 8 Portionen
Zubereitung: 30 Minuten
Abkühlen: 15 Minuten
Kochzeit: 20 Minuten

4 Lammfilets von 225 g, ungefähr 10 cm lang
125 g Butter
½ Menge Minze- und Pistazien-Pesto (siehe S. 19)
1 Menge Blätterteig (siehe S. 24)
1 Eigelb
175 ml Lammfonds
75 ml Marsala-Wein
Salz und frisch gemahlener schwarzer Pfeffer

Den Ofen auf 220°C/Gas Stufe 7 vorheizen. Die Lammfilets halbieren. 50 g Butter in einer großen Bratpfanne schmelzen und das Lamm würzen. Die Lammfilets 30 Sekunden lang auf beiden Seiten auf großer Flamme scharf anbraten. Auf einem Drahtgitter abtropfen lassen, den Bratensaft jedoch auffangen.

Den Blätterteig ausrollen und in 8 Rechtecke mit einer Größe von 20 cm x 10 cm schneiden. Die Rechtecke auf eine leicht bemehlte Fläche geben und jeweils mit 1 Teelöffel Pesto belegen. Das Lamm mit Küchenrolle trocken tupfen und dann jedes Lammfilet auf ein Blätterteigrechteck geben. Noch einen Teelöffel Pesto auf dem Lamm verteilen und den Teig über dem Fleisch zusammenfalten. Die Enden mit etwas kaltem Wasser bestreichen und wie ein Päckchen verschließen. Die Päckchen umdrehen und die Oberseite anritzen. 15 Minuten stehen lassen.

Das Eigelb mit 1 Esslöffel Wasser vermengen und die Lammpäckchen glasieren. Die Päckchen 12 bis 14 Minuten lang goldbraun backen. In der Zwischenzeit den Bratensaft in einen kleinen Kochtopf geben, gemeinsam mit dem Lammfonds und dem Marsala-Wein. Auf die Hälfte einkochen lassen, und dann die restliche Butter einschlagen, bis die Sauce eingedickt ist und glänzt. Die Lammpäckchen mit der Marsalasauce und gebratenen Tomaten servieren.

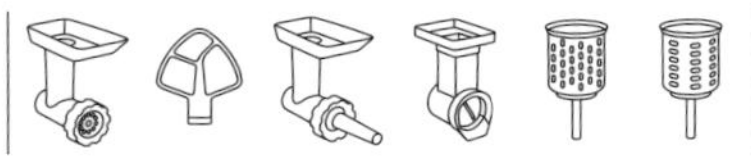

Pikante Würstchen mit Linsen in Tomatensauce

Für 8 kleine Würstchen.
Zubereitung: 30 Minuten
Aufquellen: 30 Minuten
Kochzeit: 10 Minuten

1 kg Schweinebauch ohne Schwarte und Knochen
4 TL Pimentón (spanischer geräucherter Paprika)
1 TL Chili-Flocken
1 EL Fenchelkörner
120 cm natürliche oder synthetische Wursthäute
4 EL Olivenöl
Salz und frisch gemahlener schwarzer Pfeffer

Linsen:
150 g Pancetta oder Räucherspeck
2 rote Zwiebeln
2 Knoblauchzehen
250 g Pilze
200 g Puy- oder braune Linsen
½ Menge Tomatensauce (siehe S. 20), aromatisiert mit einer großzügigen Prise Safranfäden
4 EL fein gehackte Blattpetersilie

Diese rauchigen Würstchen schmecken sehr gut zu einem Eintopf aus Puy-Linsen, Pancetta und Pilzen, aromatisiert mit Tomaten und Safran. Oder man kann Sie mit Safranpüree (siehe S. 22) und einem Coulis aus gebratenen roten Paprika servieren.

Den Schweinebauch in 5 cm große Würfel schneiden und gründlich abkühlen. Das Schweinefleisch in der Mengschüssel mit der groben Mahlscheibe am Fleischwolf auf Stufe 4 zerkleinern, dann nochmals mit der feinen Mahlscheibe. Die Gewürze hinzufügen und mit dem Flachrührer auf Stufe 4 mischen und abschmecken.

Die natürlichen Wursthäute 30 Minuten in kaltem Wasser einweichen und gründlich spülen. Die Tülle des großen Wurstfüllhorns einfetten und die Wursthäute fest darüber ziehen. Das Ende abbinden. Die Schweinefleischmischung auf Stufe 4 durchlaufen lassen, drehen und dabei die Würstchen in kleine Glieder formen. Abkühlen.

Den Pancetta schneiden und in einem großen Kochtopf sautieren, bis er goldbraun ist und sein Fett freigegeben hat. Zwiebel und Knoblauch mit der mittelgroben Raspeltrommel am Gemüseschneider auf Stufe 4 schneiden. Zum Pancetta hinzufügen und 5 Minuten lang sautieren, bis sie weich sind.

Die Pilze mit der groben Raspeltrommel zerkleinern. In den Kochtopf geben und weitere 5 Minuten sautieren. Die gespülten Linsen beigeben, mit kochendem Wasser gerade bedecken und auf mittlerer Hitze 20 Minuten lang köcheln, bis die Linsen bissfest sind. Die Tomatensauce und die Petersilie unterrühren, durchwärmen und abschmecken. Das Olivenöl in einer Bratpfanne erhitzen und die Würstchen braten, bis sie goldbraun und gar sind. Mit den Linsen servieren.

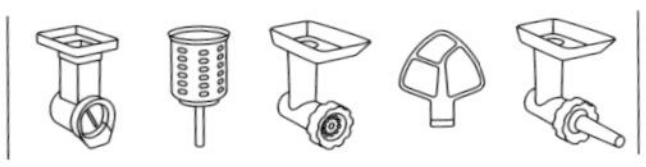

Für 3-4 Portionen
Zubereitung: 15 Minuten
Kochzeit: 15 Minuten

300 g mageres Schweinefilet
150 g Kalbsschnitzel oder mageres Rind
3 Schalotten
25 g frische weiße Brotkrumen
½ TL geriebener Ingwer
½ TL geriebener Koriander
¼ TL geriebener Kümmel
½ TL frisch geriebene Muskatnuss
Eine Prise gemahlener Kardamom
1 EL fein gehackte Blattpetersilie
60 cm natürliche oder synthetische Wursthäute
Pflanzenöl zum Braten
Honigsenf zum Servieren
Salz und frisch gemahlener schwarzer Pfeffer

Sauerkraut-Relish:
250 g Sauerkraut
1 Zwiebel
2 grüne Selleriestangen
½ roter Paprika
½ grüner Paprika
½ TL Kümmel
100 g Zucker
100 ml Weißweinessig

Bratwurst mit Sauerkraut-Relish

Diese Wurst hat weit über ihre deutsche Heimat hinaus an Popularität gewonnen. Am „echtesten" schmecken die Bratwürste mit dem nachfolgenden Sauerkraut-Relish.

Zuerst das Relish zubereiten. Das Sauerkraut gründlich ausdrücken und in eine Glasschüssel geben. Zwiebel, Sellerie und Paprika mit der groben Raspeltrommel am Gemüseschneider auf Stufe 4 schneiden. Das Sauerkraut mit dem Kümmel untermischen. Zucker und Essig in einen kleinen Topf geben, langsam erhitzen und rühren, bis sich der Zucker aufgelöst hat. Zum Kochen bringen, sofort vom Herd nehmen und über das Sauerkraut und das Gemüse gießen. Gut durchmischen, abdecken und ziehen lassen.

Das Fleisch in 5 cm große Würfel schneiden. Das Fleisch gründlich abkühlen und in der Mengschüssel hacken: zuerst mit der groben Mahlscheibe am Fleischwolf auf Stufe 4, dann nochmals mit der feinen Mahlscheibe. Die Schalotten fein hacken und mit den Weißbrotbröseln, den Gewürzen und der Petersilie in die Schüssel geben. Mit dem Flachrührer auf Stufe 4 mixen. Abschmecken.

Die natürlichen Wursthäute 30 Minuten in kaltem Wasser einweichen und gründlich spülen. Die Tülle des großen Wurstfüllhorns einfetten und die Wursthäute fest darüber ziehen. Das Ende abbinden. Die Schweinefleischmischung auf Stufe 4 durchlaufen lassen, drehen und dabei Würstchen formen. Etwas Olivenöl in einer Bratpfanne erhitzen und die Würstchen 10 Minuten lang – oder bis sie goldbraun und gar sind – braten. Mit dem Relish und dem Honigsenf servieren.

Gratin dauphinois mit Morcheln

01 & 04

Dieser sahnige Kartoffelgratin schmeckt vorzüglich zu gebratenem oder gegrilltem Fleisch. Eine leichtere Version dieses Rezeptes sind „Pommes boulangères", bei denen Sie die Sahne und die Milch durch Hühnerbrühe ersetzen und zwei geschnittene Zwiebeln hinzufügen.

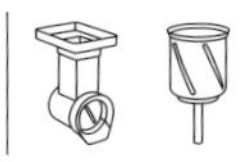

Für 6 Portionen
Zubereitung: 15 Minuten
Ziehen: 15 Minuten
Backzeit: 1 Stunde 15 Minuten

500 ml Sahne mit hohem Fettgehalt
250 ml Milch
30 g getrocknete Morcheln
1 kg festkochende Kartoffeln
2 Knoblauchzehen
25 g weiche Butter
Salz und frisch gemahlener schwarzer Pfeffer

Den Ofen auf 180°C/Gas Stufe 4 vorheizen. Die Sahne und die Milch zum Kochen bringen, über die Morcheln gießen und 15 Minuten lang ziehen lassen. Danach die Sahne in ein Gefäß seihen und die Morcheln fein schneiden. Die Kartoffeln schälen und mit der Schneidetrommel am Gemüseschneider auf Stufe 4 schneiden. Die Knoblauchzehen halbieren und die Grundfläche und die Seiten einer großen ofenfesten Schale damit bestreichen. Mit der Butter einfetten. Die Kartoffeln und Morcheln lagenweise in die Schale schlichten und jede Lage großzügig würzen. Die Sahne über das Gemüse gießen. Mit Aluminiumfolie abdecken und 1 Stunde lang backen, bis die Kartoffeln weich sind. Die Folie entfernen und weitere 15 Minuten backen, bis die Oberfläche goldbraun ist.

Reste-Rösti

02 & 03

Es gibt tausende Variationen dieser Kartoffelpuffer: Sie können andere Gemüse-, Käsesorten und Kräuter hinzufügen oder sogar Schinkenstreifen, Krabbenfleisch, geräucherten Fisch usw. verwenden. Dieses Rösti schmeckt köstlich zu Bratwürstchen und Moosbeeren-Kompott (siehe S. 120).

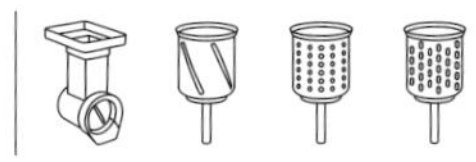

Für 4 Portionen
Zubereitung: 15 Minuten
Kochzeit: 10 Minuten

75 g Wirsingkohl
50 g Cheddar
450 g festkochende Kartoffeln
25 g getrocknete Moosbeeren
2 TL fein gehackter Salbei
2 EL Mehl
1 Ei
25 g geschmolzene Butter
2 EL Pflanzenöl
Salz und frisch gemahlener schwarzer Pfeffer

Den Kohl mit der Schneidetrommel am Gemüseschneider auf Stufe 4 schneiden. Den Cheddar mit der feinen Raspeltrommel und die Kartoffeln mit der mittelgroben Raspeltrommel reiben. Möglichst viel Flüssigkeit aus den Kartoffeln ausdrücken.

Die Kartoffeln, den Kohl und den Käse in eine Schüssel geben. Moosbeeren, Salbei, Mehl und Eier hinzufügen. Abschmecken. Mit zwei Gabeln vermischen und 8 bis 12 Pastetchen formen. Butter und Öl in einer Bratpfanne mit Antihaftbeschichtung auf mittlerer Flamme erhitzen. Die Rösti braten, bis sie goldbraun sind, und sie nach halber Bratzeit wenden.

01

02

04

03

Geschmorter Rotkohl mit Rotwein und gemischten Gewürzen

01 & 04

Dieses süßsaure Kohlgericht schmeckt köstlich zu fetten Fleischgerichten, wie beispielsweise Gänsebraten, Entenbrust oder Schweinebauch. Es schmeckt am nächsten Tag noch besser, da sich die Aromen besser entwickeln können. Die Gewürze umfassen üblicherweise Zimt, Ingwer, Muskatnuss, Gewürznelken und/oder Koriander und Piment.

Für 4-6 Portionen
Zubereitung: 10 Minuten
Kochzeit: 2 Stunden

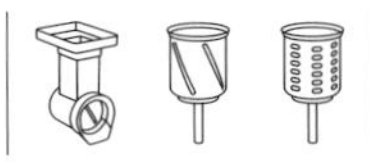

500 g Rotkohl
1 rote Zwiebel
75 g Butter
3 EL hellbrauner Zucker
1 großer Kochapfel
100 g getrocknete Moosbeeren
375 ml fruchtiger Rotwein
Saft von 1 Orange
½ TL Mischgewürz
4 Wacholderbeeren
1 EL Balsamico-Essig
Salz und frisch gemahlener schwarzer Pfeffer

Die äußeren Blätter und den harten Kern des Kohls entfernen. Den Kohl und die Zwiebel mit der Schneidetrommel am Gemüseschneider auf Stufe 4 schneiden. Die Butter in einem Topf mit schwerem Boden schmelzen und die Zwiebel sautieren, bis sie glasig sind. Den Kohl hinzufügen und gut durchmischen, dann mit Zucker bestreuen.

Den Apfel schälen und entkernen und mit der groben Raspeltrommel am Gemüseschneider auf Stufe 4 zerkleinern. Gemeinsam mit den Moosbeeren, dem Wein, dem Orangensaft und den Gewürzen in den Kochtopf geben. Sautieren, bis das Gemüse etwas weicher ist, dann bei geschlossenem Deckel 2 Stunden lang köcheln lassen, bis das Gemüse weich ist. Den Balsamico-Essig einrühren, abschmecken und servieren.

Chutney mit Pflaumen, Birnen und Sultaninen

02 & 03

Dieses Chutney muss vor dem Verzehr zwei Monate lang reifen. Mit Käse, indischen Currygerichten und Fleischpasteten servieren.

Für 1,2 kg
Zubereitung: 15 Minuten
Kochzeit: 1 Stunde 30 Minuten

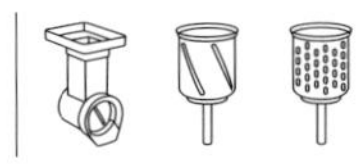

450 g rote Pflaumen
450 g Birnen
225 g Zwiebeln
50 g frischer Ingwer
225 g Sultaninen
Geriebene Schale von ½ Orange
Geriebene Schale von ½ Zitrone
570 ml Apfelessig
350 g warmer, hellbrauner Zucker
½ TL geriebener Zimt
¼ TL geriebener Ingwer
¼ TL geriebene Gewürznelken
2 TL Salz

Die Pflaumen halbieren und entkernen. Die Birnen schälen und entkernen. Pflaumen, Birnen und Zwiebel mit der Schneidetrommel am Gemüseschneider auf Stufe 4 schneiden. Den Ingwer schälen und mit der mittelgroben Raspeltrommel reiben. Obst, Zwiebel und Ingwer in einem großen Kochtopf mit schwerem Boden geben und die restlichen Zutaten hinzufügen. Langsam zum Kochen bringen und rühren, bis sich der Zucker aufgelöst hat. Die Hitze steigern, dann 1 Stunde 30 Minuten kochen, bis das Chutney eingekocht ist. Gelegentlich umrühren. Das Chutney in heiße sterilisierte Gläser füllen und verschließen.

01

02

04

03

Getreide-, Walnuss- und Honigbrot

01 & 03

Getreidemehl ist Vollkornmehl, vermengt mit gemälzten Weizenkörnern. Letztere verleihen dem Getreidebrot ein nussartiges Aroma, das in diesem Rezept noch zusätzlich durch die Walnüsse und das Walnussöl betont wird. Wenn Sie kein Getreidemehl bekommen, können Sie auch Mehrkornbrotmehl verwenden.

Für 2 Laibe
Zubereitung: 15 Minuten
Aufgehen: 2 Stunden
Backzeit: 40 Minuten

150 g Walnüsse
1 kg Getreidemehl oder Mehrkornbrotmehl
1 TL Salz
7 g Trockenhefe
2 EL Walnussöl
5 EL Heidehonig
525 ml lauwarmes Wasser

Die Walnüsse rösten und grob hacken. Mehl, Salz und Hefe in der Mengschüssel mit dem Flachrührer auf Stufe 2 mixen. Walnussöl und Honig mit dem Wasser vermengen. Dann zum Knethaken wechseln und die Wassermischung auf Stufe 2 unter das Mehl mischen. 1 Minute lang kneten, dann den Teig in eine eingefettete Schüssel geben. Den Teig mit Öl bedecken und an einer warmen Stelle 1 Stunde lang – oder bis sich das Volumen verdoppelt hat – aufgehen lassen.

Die Walnüsse mit dem Knethaken auf Stufe 1 unter den Teig mischen, dann den Teig nochmals 1 Minute kneten. Etwas Mehl hinzufügen, falls der Teig zu klebrig ist. Den Teig halbieren und jede Hälfte in eine Kuchenform von 1 kg geben. Mit einem feuchten Geschirrtuch abdecken und 1 Stunde – oder bis der Teig über den Rand der Form gestiegen ist – aufgehen lassen.

Den Ofen auf 220°C/Gas Stufe 7 vorheizen. Die Laibe 10 Minuten lang backen, dann die Ofentemperatur auf 200°C/ Gas Stufe 6 senken. Weitere 30 Minuten backen oder so lange, bis die Laibe hohl klingen, wenn Sie auf den Boden klopfen. Auf einem Drahtgitter abkühlen.

Backpulver-Brot mit Ziegenkäse, Frühlingszwiebel und Thymian

02 & 04

Dieses Brot muss nicht aufgehen, da es mit Natron und Buttermilch zubereitet wird. Sie müssen es jedoch am selben Tag essen, am besten direkt warm aus dem Ofen.

Für 1 Laib
Zubereitung: 10 Minuten
Backzeit: 35 Minuten

250 g Mehl
250 g Vollkornmehl
1 TL Salz
1 TL Natron
1 TL fein gehackter Thymian
6 fein gehackte Frühlingszwiebel
300-350 ml Buttermilch
100 g reifer Ziegenkäse

Den Ofen auf 230°C/Gas Stufe 8 vorheizen. Die zwei Mehlarten, Salz und Natron in die Mengschüssel sieben; die Reste aus dem Sieb ebenso in die Schüssel geben. Den Thymian und die Frühlingszwiebel in das Mehl einrühren. Die Buttermilch nach und nach mit dem Flachrührer auf Stufe 2 mischen, bis Sie einen glatten Teig erhalten. Sie brauchen möglicherweise nicht die ganze Buttermilch.

Zum Knethaken wechseln, den Ziegenkäse zerbröckeln und auf Stufe 2 kneten, bis der Teig weich, aber nicht klebrig ist. Einen 2,5 cm dicken, runden Laib formen, ein tiefes Kreuz in die Oberfläche ritzen und auf ein eingefettetes Backblech legen. 15 Minuten lang backen, dann die Ofentemperatur auf 200°C/Gas Stufe 6 reduzieren. Weitere 15 bis 20 Minuten backen. Das Brot sollte hohl klingen, wenn Sie auf die Unterseite klopfen. Warm oder bei Zimmertemperatur servieren – in jedem Fall noch am selben Tag essen.

01

02

04

03

Dinkelsauerteigbrot

Für 1 großen Laib
Zubereitung: 15 Minuten
Aufgehen: 2 Stunden 10 Minuten
Gären: 2 - 3 Tage
Backzeit: 40 Minuten

125 g Dinkelmehl
250 g Weißbrotmehl
1 ½ TL Salz
1 TL Trockenhefe
175 ml lauwarmes Wasser

Gäransatz:
250 g Dinkelmehl
7 g Trockenhefe
300 ml Wasser

Sauerteigbrot wird mit einem Gäransatz zubereitet, der einige Tage lang gären muss – dies führt zum charakteristischen Sauerteigaroma. Der restliche Gäransatz kann im Kühlschrank aufbewahrt und erneut verwendet werden. Zu diesem Zweck 125 ml Wasser und 125 g Brotmehl in den Gäransatz rühren und bei Zimmertemperatur 12 bis 24 Stunden gären lassen, bevor Sie ihn verwenden oder tiefkühlen.

Zuerst den Gäransatz herstellen. Das Dinkelmehl in die Mengschüssel sieben, und auch den im Sieb zurückgebliebenen Rest beigeben. Die Hefe einrühren, das Wasser hinzufügen und mit dem Flachrührer auf Stufe 2 mixen. In eine Schüssel geben, locker abdecken und einer warmen, zugfreien Stelle 2 bis 3 Tage lang ruhen lassen. Den Gäransatz zweimal täglich umrühren. Der Gäransatz ist fertig, wenn er einen angenehmen sauren Geruch erzeugt.

Die zwei Mehlsorten und das Salz in die Mengschüssel sieben. Die Hefe hinzufügen. 250 ml Gäransatz in einen Messbecher geben und dann das lauwarme Wasser einrühren. Diese Mischung nach und nach mit dem Knethaken auf Stufe 1 in das Mehl einkneten, bis Sie einen glatten Teig erhalten. 3 Minuten lang auf Stufe 2 weiterkneten, bis der Teig glatt und geschmeidig ist. Mit Frischhaltefolie abdecken und an einer warmen Stelle 1 Stunde – oder bis sich das Volumen verdoppelt hat – aufgehen lassen.

Den Teig kurz mit der Hand durchkneten und 10 Minuten ruhen lassen. Den Teig in eine runde oder ovale Form bringen und auf ein eingefettetes Backblech legen. Einige Querstriche in die Oberfläche ritzen. Mit eingeölter Frischhaltefolie abdecken und 1 Stunde lang – oder bis sich das Volumen verdoppelt hat – aufgehen lassen.

Den Ofen auf 220°C/Gas Stufe 7 vorzeugen und eine flache Schale mit Wasser auf den Boden stellen. Den Teig leicht mit Mehl bestäuben. 10 Minuten lang backen, dann die Ofentemperatur auf 200°C/Gas Stufe 6 reduzieren, und weitere 30 bis 40 Minuten backen, bis das Brot goldbraun ist. Das Brot sollte hohl klingen, wenn Sie auf die Unterseite klopfen.

Focaccia mit Kirschtomaten und Basilikum

01 & 03

Dies ist meine Interpretation einer Focaccia, einem italienischen Fladenbrot, aromatisiert mit Olivenöl und garniert mit einer großzügigen Portion Meersalz, damit es besonders knusprig wird.

Für 2 Laibe
Zubereitung: 15 Minuten
Aufgehen: 2 Stunden
Backzeit: 25 Minuten

30 g frische Hefe
400 ml lauwarmes Wasser
Prise Zucker
800 g Weißbrotmehl
1 EL Salz
125 ml Olivenöl
12 sonnengetrocknete Tomaten
1 Bund Basilikum
24 rote Kirschtomaten
(oder 12 rote und 12 gelbe Kirschtomaten)
Olivenöl Extra Virgine und grobes Meersalz zum Garnieren.

Die Hefe in einen Messbecher krümeln und das Wasser hinzufügen. Den Zucker einrühren und 10 Minuten stehen lassen, bis die Masse zu schäumen beginnt. Das Olivenöl einrühren. Mehl und Salz in der Mengschüssel mit dem Flachrührer 30 Sekunden auf Stufe 2 mixen. Dann die Hefemischung nach und nach mit dem Knethaken einkneten, und 2 Minuten auf Stufe 1 kneten. Mit einem feuchten Geschirrtuch abdecken und an einer warmen Stelle 1,5 Stunden – oder bis sich das Volumen verdoppelt hat – aufgehen lassen.

Die sonnengetrockneten Tomaten und das Basilikum fein hacken. Den Teig kurz mit der Hand und dann mit dem Knethaken auf Stufe 1 durchkneten, und dabei Tomaten und Basilikum untermischen. Den Teig in zwei Portionen teilen und jeweils zu einem 1,5 cm dicken Kreis ausrollen. Auf ein eingefettetes Bachblech geben und mit den Fingerspitzen 12 Vertiefungen in jedem Kreis machen. Eine Kirschtomate in jede Vertiefung drücken, mit einem feuchten Geschirrtuch abdecken und 30 Minuten lang – oder bis sich das Volumen verdoppelt hat – aufgehen lassen.

Den Ofen auf 200°C/Gas Stufe 6 vorheizen. Den Teig mit Olivenöl beträufeln und mit Salzflocken bestreuen. 20 bis 25 Minuten lang backen, bis die Focaccias goldbraun sind und hohl klingen, wenn Sie auf die Unterseite klopfen.

Kümmel- und Koriander-Pittabrot

02 & 04

Dieses Fladenbrot aus dem Nahen Osten schmeckt am besten gefüllt oder in Stücke gerissen und geröstet mit Dipsaucen und Salaten.

Für 12 Stück
Zubereitung: 15 Minuten
Aufgehen: 2 Stunden
Backzeit: 10 Minuten

15 g frische Hefe
300 ml lauwarmes Wasser
1 EL Zucker
1 ½ EL Olivenöl
500 g Weißbrotmehl
2 TL Salz
2 TL gemahlener Kreuzkümmel
1 Bund Koriander

Die Hefe in die Mengschüssel krümeln und das Wasser hinzufügen. Zucker und Olivenöl unterrühren. 10 Minuten stehen lassen, bis die Mischung zu schäumen beginnt. Mehl, Salz und Kümmel vermengen und nach und nach mit dem Knethaken auf Stufe 2 in die Hefemischung einkneten, bis sich der Teig von der Schüssel löst. 2 Minuten lang weiterkneten, bis der Teig glatt und geschmeidig ist. Mit einem feuchten Geschirrtuch abdecken und an einer warmen Stelle 1 Stunde – oder so lange, bis sich das Volumen verdoppelt hat – aufgehen lassen.

Den Koriander fein hacken. Den Teig kurz mit der Hand durchkneten und mit Koriander bestreuen. Mit dem Knethaken 2 Minuten lang auf Stufe 2 durchkneten, bis der Koriander gut vermischt ist. Den Teig in 12 Portionen teilen und jede Portion zu einem Kreis mit einem Durchmesser von 15 cm ausrollen. Auf eine Alufolie legen, abdecken und 1 Stunde lang aufgehen lassen.

Den Ofen auf 260°C/Gas Stufe 9 vorheizen und zwei Backbleche zum Aufwärmen hineinstellen. Die Teigkreise auf die heißen Backbleche geben, mit Wasser besprengen und 8 bis 10 Minuten lang backen. Noch am selben Tag essen.

01

02

04

03

Brezeln

01 & 02

Brezeln sind ein deutsches Gebäck, das häufig als Begleitung zu Bier serviert wird. Die Sesamgarnierung kann durch Mohn oder grobes Meersalz ersetzt werden.

Für 10 bis 12 Stück
Zubereitung: 20 Minuten
Aufgehen: 30 Minuten
Backzeit: 20 Minuten

500 g Mehl
Eine Prise Salz
28 g Trockenhefe
40 g Zucker
75 g weiches Schweinefett
125 ml lauwarme Milch
125 ml lauwarmes Wasser
1 Ei
1 EL Sesam

Mehl, Salz, Hefe, Zucker und Schweinefett in der Mengschüssel mit dem Flachrührer auf Stufe 2 vermischen. Milch und Wasser mit dem Knethaken einkneten, bis Sie einen glatten Teig erhalten. Mit einem feuchten Geschirrtuch abdecken und an einer warmen Stelle 30 Minuten aufgehen lassen.

Den Ofen auf 200°C/Gas Stufe 6 vorheizen. Den Teig mit dem Knethaken auf Stufe 1 kneten, bis er fest, geschmeidig und elastisch ist, und sich sauber von der Schüssel löst. In 10 oder 12 Portionen teilen. Jede Portion zuerst in eine runde Rolle und dann in ein Oval formen. Jedes Oval vor – und rückwärts rollen, und dabei ihre Finger entlang des Teiges bewegen, damit ein Streifen von rund 40 cm Länge und 2,5 cm Dicke in der Mitte und 5 mm an jedem Ende gebildet wird. Die zwei Enden jedes Streifens aufheben und eine Schleife formen. Die Enden zweimal überkreuzen und dann auf jeder Seite der verdickten Mitte andrücken. Mit jedem Teigstreifen wiederholen.

Die Brezeln auf eingefettete Bachbleche legen. Das Ei mit 1 Esslöffel Wasser vermengen und die Brezeln glasieren. Mit Sesam bestreuen und 20 Minuten lang goldbraun backen.

Flachswickel

03 & 04

Dieser deutsche pikante Striezel wird häufig warm mit hausgemachter Konfitüre oder Honig zum Frühstück serviert.

Für 8 Stück
Zubereitung: 15 Minuten
Aufgehen: 1 Stunde 20 Minuten
Backzeit: 30 Minuten

150 g Butter
200 ml Milch
500 g Mehl
7 g Trockenhefe
2 EL Zucker
1 TL geriebener Zimt
1 TL gemahlener Kardamom
2 Eier
Prise Salz
Puderzucker zum Bestäuben

Die Butter mit der Milch langsam in einem kleinen Kochtopf schmelzen. In die Mengschüssel geben und die restlichen Zutaten hinzufügen, mit Ausnahme des Puderzuckers. Mit dem Knethaken 3 Minuten lang auf Stufe 2 durchkneten, bis alles gut vermengt ist. Abdecken und an einer warmen Stelle 1 Stunde lang aufgehen lassen.

Den Ofen auf 170°C/Gas Stufe 3 vorheizen. Den Teig in 24 Stücke teilen. Aus jedem Stück eine dünne Rolle mit einer Länge von ungefähr 20 cm formen und in Puderzucker wälzen. Drei Rollen nebeneinander legen und die oberen Enden zusammendrücken. Die drei Rollen flechten, und die unteren Enden zusammendrücken. Mit den restlichen Teigrollen wiederholen. Auf das Backblech legen und vor dem Backen 20 Minuten stehen lassen. Den Flachswickel 25 bis 30 Minuten goldbraun backen und warm servieren.

01

02

04

03

Vanille- und Mohn-Zopfbrot

Dieses reiche, festliche Brot wird entweder in Striezelform am jüdischen Sabbat oder in Spulenform zu Rosh Hashanah (jüdisches Neujahr) serviert.

Für 2 Laibe
Zubereitung: 20 Minuten
Aufgehen: 2 Stunden
Backzeit: 35 Minuten

1 Vanilleschote
225 ml Milch
15 g frische Hefe
625-700 g Mehl
1 TL Salz
75 g geschmolzene Butter
3 EL Honig
3 Eier
1 Eigelb
2 TL Mohn

Die Vanilleschote in Längsrichtung aufschneiden und die Samen herausschaben. Gemeinsam mit der Milch in einen Topf geben und zum Kochen bringen. Vom Herd nehmen und abkühlen, bis die Flüssigkeit lauwarm ist. Die Hefe einkrümeln und rühren, bis sich die Hefe aufgelöst hat.

625 g Mehl und Salz in der Mengschüssel 15 Sekunden lang mit dem Flachrührer auf Stufe 2 mischen. Den Knethaken aufsetzen und nach und nach die Hefemischung auf Stufe 2 einkneten. 1 Minute lang kneten. Die geschmolzene Butter, den Honig und die Eier dazugeben und nochmals eine Minute kneten. Die restlichen 75 g Mehl in Mengen von jeweils 25 g einkneten, bis sich der Teig von der Schüssel löst. 2 Minuten lang auf Stufe 2 weiterkneten, bis der Teig glatt und geschmeidig ist. In eine eingefettete Schüssel geben und den Teig im Öl einhüllen. Mit einem feuchten Geschirrtuch abdecken und an einer warmen Stelle 1 Stunde – oder so lange, bis sich das Volumen verdoppelt hat – aufgehen lassen.

Den Teig mit der Hand kurz durchkneten und dann in 6 Portionen aufteilen. Aus jeder Portion eine 35 cm lange dünne Rolle formen. Drei Rollen flechten, die Enden darunter einschlagen und auf ein eingefettetes Backblech legen. Mit den restlichen Teigportionen wiederholen. Mit einem feuchten Geschirrtuch abdecken und an einer warmen Stelle 1 Stunde – oder so lange, bis sich das Volumen verdoppelt hat – aufgehen lassen.

Den Ofen auf 200°C/Gas Stufe 6 vorheizen. Das Eigelb mit 1 Esslöffel kaltem Wasser vermischen. Den Teig glasieren und mit dem Mohn bestreuen. 30 bis 35 Minuten lang backen.

Für 2 Laibe
Zubereitung: 2 Stunden
Aufgehen: 2 Stunden 30 Minuten
Backzeit: 30 Minuten

100 g Sultaninen
50 g Korinthen
50 g gehacktes Orangeat
Geriebene Schale von 1 Zitrone
1 TL gemahlener Kardamom
Prise schwarzer Pfeffer
2 TL Vanilleextrakt
2 EL dunkler Rum
7 g Trockenhefe
1 TL Zucker
500 g Mehl
150 ml lauwarme Milch
½ TL Salz
3 EL hellbrauner Zucker
50 g Butter
2 verquirlte Eier
300 g Marzipan
Geschmolzene Butter zum Glasieren
Puderzucker zum Bestäuben

Stollen

Dieses deutsche süße Festtagsbrot stammt aus Dresden. Traditionellerweise werden immer zwei Laibe gleichzeitig gebacken: einen zum Verschenken und einen für sich selbst.

Sultaninen, Korinthen und Orangeat mit der Zitronenschale, den Gewürzen und dem Rum in eine Schüssel geben. 2 Stunden lang quellen lassen. Die Hefe, den Zucker, 125 g Mehl und Milch in der Mengschüssel auf Stufe 2 mit dem Flachrührer vermischen. Mit einem feuchten Geschirrtuch abdecken und 1 Stunde rasten lassen, bis die Masse schaumig ist.

Das restliche Mehl, Salz, Braunzucker, die gewürfelte Butter und das verquirlte Ei mit dem Knethaken auf Stufe 2 kneten, bis Sie einen verarbeitbaren Teig erhalten. Nötigenfalls etwas Milch hinzufügen. Weitere 3 Minuten kneten, dann erneut abdecken und 1 Stunde – oder bis sich das Volumen verdoppelt hat – aufgehen lassen.

Den Teig leicht kneten, dann die getrockneten Früchte mit dem Knethaken auf Stufe 1 einkneten. Nicht zu viel kneten. Auf eine leicht bemehlte Fläche geben und in zwei Portionen teilen. Jede Portion zu einem Oval mit einer Dicke von ungefähr 1 cm ausrollen. Das Marzipan in zwei gleich große Stücke ausrollen, entsprechend der Länge des Teigs. In jede Teigportion mit einem Nudelholz eine Einkerbung machen und das Marzipan hineinlegen. Den Teig einfalten und die Ränder mit etwas Milch andrücken. Die Brote auf ein eingefettetes Bachblech legen, mit einem feuchten Geschirrtuch abdecken und 30 Minuten lang aufgehen lassen.

Den Ofen auf 180°C/Gas Stufe 4 vorheizen. Den Teig mit Milch glasieren und 30 Minuten goldbraun backen. Auf einem Drahtgitter abkühlen lassen, und dann den Stollen mit geschmolzener Butter bestreichen und mit viel Puderzucker bestreuen.

Safran- und Schokoladenbrioche

Für 12 Stück
Zubereitung: 25 Minuten
Aufgehen: 2 Stunden 30 Minuten
Backzeit: 15 Minuten

15 g frische Hefe
2 EL Zucker
Prise Safranfäden
3 EL lauwarmes Wasser
2 Eier
200 g Mehl
Prise Salz
100 g Butter
100 g Schokoladechips
1 Eigelb, zum Glasieren

Brioche ist ein mit Eiern und Butter veredeltes Brot. Es schmeckt herrlich zum Frühstück, aber man kann es auch zum Mittag- oder Abendessen servieren. Vergessen Sie jedoch nicht, in diesem Fall anstatt der Schokolade geriebenen Käse zu verwenden!

Die Hefe in einen Messbecher krümeln und die Hälfte des Zuckers, den Safran und Wasser hinzufügen. Rühren, bis alles aufgelöst ist, und dann 5 bis 10 Minuten stehen lassen, bis die Mischung zu schäumen beginnt. Die Eier einschlagen. Mehl, Salz und den restlichen Zucker in der Mengschüssel 15 Sekunden lang mit dem Knethaken auf Stufe 2 kneten.

Die Geschwindigkeit auf Stufe 3 steigern und die Hefemischung kneten, bis Sie einen glatten Teig erhalten. 2 bis 3 Minuten weiterkneten. Butter und Schokoladenchips hinzufügen und weitere 3 Minuten kneten, bis alles gut vermengt ist. Den Teig in eine eingefettete Schüssel geben, mit einem feuchten Geschirrtuch abdecken und an einer warmen Stelle 1,5 Stunden – oder so lange, bis sich das Volumen verdoppelt hat – aufgehen lassen.

12 Brioche-Backformen von 8 cm x 5 cm einfetten. Den Teig auf einer leicht bemehlten Fläche kurz durchkneten und in 12 Portionen aufteilen. Ein Stück Teig mit einem Gewicht von ungefähr einem Drittel von jeder Portion wegnehmen und zur Seite stellen. Aus den größeren Portionen Kugeln formen. In die eingefetteten Backformen geben und auf der Oberseite leicht eindrücken. Die kleineren Teigportionen zu Kugeln ausrollen und diese auf den Teig in die Backformen geben. Abdecken und 1 Stunde aufgehen lassen.

Den Ofen auf 220°C/Gas Stufe 7 vorheizen. Das Eigelb mit 1 Teelöffel Wasser vermischen. Die Brioches glasieren und 12 bis 15 Minuten goldbraun backen. Nach dem Backen die Brioches sofort herausnehmen und warm mit Butter servieren.

Marmelade-Donuts

Für 18-20 Stück
Zubereitung: 10 Minuten
Abkühlen: über Nacht
Aufgehen: 2 Stunden
Backzeit: 10 Minuten

250 g Mehl
1 TL Salz
25 g Zucker
15 g frische Hefe
100 ml Milch
1 großes Ei
40 g weiche Butter
100 g Feinzucker
1 EL Teeblätter „English Breakfast"
400 g fein geschnittene Orangenmarmelade
Sonnenblumenöl zum Frittieren

Dieses amerikanische, frittierte Frühstücksgebäck erhält eine britische Note, wenn man es mit Bitterorangenmarmelade füllt und mit Zucker und Teearoma bestreut. Die Donuts warm (oder so frisch wie möglich) mit warmer Sahne (clotted cream) oder Mascarpone servieren.

Mehl, Salz und Zucker in die Mengschüssel sieben, und mit dem Knethaken 10 Sekunden auf Stufe 2 verkneten. Ein Loch in der Mitte machen. Die Hefe in die Milch krümeln und dann mit dem Ei in das Loch gießen. Auf Stufe 2 verkneten, dann auf Stufe 4 kneten, bis der Teig eine Kugel bildet. Nach und nach die Butter einkneten, bis der Teig glatt ist. Wenn der Teig zu feucht scheint, etwas Mehl hinzufügen. Den Teig in eine eingefettete Schüssel geben, mit Frischhaltefolie abdecken und über Nacht abkühlen lassen.

Am nächsten Tag den Teig kurz mit der Hand auf einer leicht bemehlten Fläche durchkneten. Den Teig in zwei Portionen teilen und aus jeder eine lange Rolle mit einem Durchmesser von 3 bis 4 cm formen. Die Rollen in Stücke von 20 g schneiden, und mit entsprechendem Abstand voneinander auf ein eingefettetes Backblech legen. Locker mit geölter Frischhaltefolie abdecken und an einer warmen Stelle 1 bis 2 Stunden – oder bis sich das Volumen verdoppelt hat – aufgehen lassen.

Den Feinkristallzucker und die Teeblätter in einer Kaffeemühle mischen und dann auf einen großen flachen Teller geben. Einen Spritzbeutel mit einem dünnen Aufsatz mit der Marmelade füllen. Das Sonnenblumenöl in einer Friteuse auf 190°C erwärmen. Immer nur wenige Donuts zugleich frittieren, bis sie goldbraun sind. Auf Küchenrolle abtropfen und dann etwas Marmelade in die Donuts spritzen. Die Donuts schnell in den mit Teearoma versetzten Zucker rollen und warm halten, während Sie die restlichen Donuts frittieren und füllen. Als Dessert können Sie diese Donuts mit heißer Schokoladensauce und einer Kugel Vanilleeis servieren.

Croissants

Für 12-15 Stück
Zubereitung: 10 Minuten
Aufgehen: 2 Stunden
Abkühlen: 1 Stunde 10 Minuten
Backzeit: 15 Minuten

350 g Mehl
¾ TL Salz
1 EL Zucker
7 g Trockenhefe
175-200 ml lauwarme Milch
175 g gekühlte Butter
1 verquirltes Ei zum Glasieren

Café au lait und Croissants sind bei einem Frühstück in Paris unverzichtbar. Dieses halbmondförmige Gebäck schmeckt auch mit einer süßen oder pikanten Füllung vorzüglich, beispielsweise mit Mascarpone und Feigenkompott oder Brie und Tomatenchutney.

Mehl und Salz in die Mengschüssel sieben. Zucker und Hefe mit dem Knethaken 15 Sekunden auf Stufe 1 kneten. Die Milch in eine Vertiefung im Mehl gießen und auf Stufe 1 einkneten, dann auf Stufe 2 weitere 2 Minuten kneten, bis der Teig glatt und geschmeidig ist. Mit einem feuchten Geschirrtuch abdecken und an einer warmen Stelle 1 Stunde – oder bis sich das Volumen verdoppelt hat – aufgehen lassen.

Den Teig kurz mit der Hand auf einer bemehlten Fläche durchkneten, bis er glatt ist. In ein Geschirrtuch wickeln und 10 Minuten abkühlen lassen. Die Butter zwischen zwei Bögen Frischhaltefolie zu einem Rechteck ausrollen. In der Hälfte zusammenfalten und erneut ausrollen.
Wiederholen, bis die Butter formbar ist, aber noch immer kalt.
Abflachen und ein Rechteck von 15 cm x 10 cm formen.

Den Teig auf einer bemehlten Fläche zu einem Rechteck von 30 cm x 15 cm ausrollen. Mit der kurzen Seite zu Ihnen gewendet die Butter in die Mitte des Teiges geben. Das untere Drittel des Teigs nach oben über die Butter falten und das obere Drittel nach unten über den Teig falten.
Die offenen Seiten zusammendrücken. Den Teig im Uhrzeigersinn um 180° drehen.

Ausrollen, Falten und Drehen noch zweimal wiederholen.
30 Minuten lang einwickeln und abkühlen lassen. Ausrollen, Falten und Drehen dreimal wiederholen, dann erneut 30 Minuten stehen lassen. Zwei Backbleche mit Wasser anfeuchten. Den abgekühlten Teig zu einem Rechteck von 45 cm x 30 cm ausrollen. In 6 Quadrate von 15 cm schneiden und jedes Quadrat in der Hälfte diagonal durchschneiden.
Beginnend an der Grundfläche jedes Dreiecks den Teig locker aufrollen und die Spitze mit etwas geschlagenem Ei befestigen. Die Croissants mit der Spitze nach unten auf das Backblech geben, und die Enden in die charakteristische Halbmondform biegen. Mit geschlagenem Ei einstreichen, mit geölter Frischhaltefolie bedecken und an einer warmen Stelle 1 Stunde – oder bis sich das Volumen verdoppelt hat – aufgehen lassen.

Den Ofen auf 220°C/Gas Stufe 7 vorheizen. Die Croissants erneut mit dem geschlagenen Ei einstreichen und 3 Minuten lang backen.
Die Ofentemperatur auf 190°C/Gas Stufe 5 senken und 10 bis 12 Minuten backen, bis die Croissants goldgelb und knusprig sind.
Einige Minuten stehen lassen, und dann auf einem Drahtgitter abkühlen lassen.
Warm oder kalt servieren.

Tempura mit tropischen Früchten mit Matcha-Dipsauce

Für 4 Portionen
Zubereitung: 30 Minuten
Backzeit: 10 Minuten

100 g Ananas
1 Mango
1 Papaya
2 Kiwis
2 Persimonen (Kaki oder Sharonfrucht)
8 Physalis (Andenbeere)
8 Erdbeeren
Mehl zum Bestäuben
Puderzucker zum Servieren

Dipsauce:
125 g Zucker
250 ml Wasser
1 EL Matcha (japanischer pulverisierter grüner Tee)
1 EL Mirin (süßer japanischer Reiswein)

Tempura-Teig
1 großes Ei
200 ml geeistes Wasser
125 g Mehl
Eine Prise Salz
2 Eiswürfel
Erdnussöl zum Frittieren

Tempura-Teig bräunt nicht so leicht wie andere Teigarten. Frittieren Sie Ihre Zutaten folglich gerade lang genug, dass sie außen knusprig sind. Dieses Tempura schmeckt herrlich mit einer Kugel Mangosorbet (siehe S. 166).

Alle Früchte – außer den Physalis und den Erdbeeren – schälen. Ananas, Papaya und Mango in Stücke schneiden. Die Kiwi und Persimonen in ½ cm dicke Scheiben schneiden. Die Blätter der Physalis abziehen.

Die Dipsauce zubereiten. Den Zucker mit dem Wasser und Matcha langsam zum Kochen bringen. Warten, bis sich der Zucker aufgelöst hat, und den Sirup langsam einkochen lassen. Mirin unterrühren.

Den Teig zubereiten. Das Ei in die Mengschüssel brechen und das Wasser mit dem Schneebesen auf Stufe 4 untermischen. Mehl und Salz hinzufügen und mit dem Flachrührer auf Stufe 1 in das Eierwasser einrühren, bis alles etwas vermengt ist. Die Eiswürfel in den Teig geben.

Das Öl in einem Wok oder einer Friteuse auf 180°C erhitzen. Das Obst mit etwas Mehl bestäuben und den Teig tauchen. Den überschüssigen Teig abschütten und die Früchte 1 bis 2 Minuten im heißen Öl frittieren. Auf Küchenrolle abtropfen lassen, mit Puderzucker bestäuben und mit der Dipsauce servieren.

Orangenblüten-Churros mit heisser Schokoladenganache

Dieses spanische Gebäck wird häufig in heiße Schokolade eingetunkt und zum Frühstück gegessen. Experimentieren Sie mit verschiedenen Aromen und genießen Sie dieses reichhaltige Gebäck zu jeder Tageszeit.

Für 4 Portionen
Zubereitung: 10 Minuten
Ruhen lassen: 1 Stunde
Backzeit: 10 Minuten

350 g mit Backpulver vermischtes Mehl
½ TL geriebener Zimt
½ TL Salz
1 Ei
300-350 ml Milch
2 EL Orangenblütenwasser
100 g Zucker
½ TL Espelette-Pfeffer
Pflanzenöl zum Frittieren
1 Portion Schokoladenganache (siehe S. 27)
100 ml heiße Milch
¼ TL gemahlener Piment
Geriebene Schale von 1 Clementine
1-2 EL dunkler Rum

Mehl, Zimt und Salz in die Mengschüssel sieben. Ein Loch in der Mitte machen. Das Ei mit 250 ml Milch schlagen. In das Loch gießen und mit dem Schneebesen auf Stufe 4 schlagen. Nach und nach auf Stufe 6 die restliche Milch beigeben, bis Sie einen glatten Teig erhalten, der leicht in einen Spritzbeutel gefüllt werden kann. Die Masse in einen Spritzbeutel mit einer sternförmigen Düse von 1 cm füllen.

Das Öl in einem Wok oder einer Friteuse auf 190°C erhitzen. Lange Bänder in das heiße Öl spritzen und 4 bis 6 Minuten braten, bis sie goldbraun und gar sind. Die Churros mit einer Zange oder einem Schaumlöffel aus dem Fett heben und auf Küchenrolle abtropfen. Sofort mit Orangenblütenwasser besprenkeln. Die Churros in 10 cm lange Bänder schneiden und warmhalten, während Sie den Rest zubereiten. Den Zucker und den Espelette-Pfeffer mischen. Wenn alle Churros gebacken sind, mit dem gewürzten Zucker bestreuen.

Die Schokoladenganache wie auf Seite 27 beschrieben zubereiten und heiße Milch, Piment und Clementinenschale hinzufügen. Rum zum Abschmecken einrühren und mit den Churros zum Eintunken servieren.

Mascarpone-Sorbet mit Safran und Sternfrucht-Sirup

Gemeinsam mit diesem milchigen Sorbet mit seinem warmen Safrangeschmack serviert, sind diese Sternfrüchte in Sirup ein einfaches, aber elegantes Dessert, das Ihre Gäste beeindrucken und bezaubern wird.

Für 4 Portionen
Zubereitung: 5 Minuten
Backzeit: 15 Minuten
Tiefkühlen/Marinieren: über Nacht

250 g Mascarpone
1 Kapsel Safranpulver
250 g Zucker
500 ml Milch

Sternfrucht in Sirup:
2 große saftige Sternfrüchte (Karambolen)
100 g Zucker
150 ml Wasser
Eine Prise Safranfäden
Saft von 1 Zitrone

Bereiten Sie dieses Rezept einen Tag im Voraus zu und beginnen Sie mit dem Mascarpone-Sorbet. Alle Zutaten in die Mengschüssel geben und mit dem Schneebesen auf Stufe 4 schlagen, bis alles glatt ist. In die Tiefkühlschüssel der Speiseeismaschine geben und mit dem Dasher auf Stufe 2 rühren, bis die Masse nahezu fest ist. In einem Tiefkühlbehälter löffeln und über Nacht tiefkühlen.

Die Sternfrucht schneiden und mit der Hälfte des Zuckers in einen Kochtopf mit schwerem Boden geben. Das Wasser hinzufügen, langsam zum Kochen bringen und rühren, bis sich der Zucker aufgelöst hat. 5 Minuten lang köcheln lassen, bis die Früchte weich sind, aber noch ihre ursprüngliche Form aufweisen. Abgießen und den Sirup auffangen.

Den restlichen Zucker und Safran in den Sirup geben. Einkochen, bis die Masse klebrig wird. Die Sternfrucht in den Sirup zurückgeben und Zitronensaft hinzufügen. 1 Minute lang köcheln, dann vom Herd nehmen und über Nacht abkühlen lassen. Am nächsten Tag wieder auf Zimmertemperatur bringen und mit dem Mascarpone-Sorbet servieren.

Limonen und Kokoseis

Limonen und Kokosnuss sind eine himmlische Kombination. Servieren Sie dies als elegantes Dessert mit Ananas-Carpaccio (siehe S. 168) oder Tarte Tatin mit Ananas und Espelette-Pfeffer (siehe S. 202).

Für 4-6 Portionen
Zubereitung: 15 Minuten
Tiefkühlen: über Nacht

200 ml Sahne mit hohem Fettgehalt
400 ml Kokosmilch
150 g Zucker
75 ml Limonensaft
Geriebene Schale von 2 Limonen
2 EL weißer Rum

Einen Tag im Voraus die Tiefkühlschüssel in den Tiefkühler stellen. Am nächsten Tag Sahne, Kokosmilch und 100 g Zucker in einen Kochtopf geben. Langsam erhitzen, bis sich der Zucker gelöst hat, dann abkühlen und tiefkühlen. Den restlichen Zucker, den Limonensaft und die Limonenschale in einen Kochtopf geben. Langsam erhitzen, bis sich der Zucker aufgelöst hat und einkochen lassen, bis der Sirup eindickt. Abkühlen und tiefkühlen.

Wenn beide Mischungen halb gefroren sind, in der Mengschüssel mit dem Schneebesen auf Stufe 6 zusammenmischen und in die Tiefkühlschüssel gießen. Rum dazugeben und mit dem Dascher auf Stufe 2 schlagen, bis die Masse nahezu fest ist. In einen Tiefkühlbehälter füllen und über Nacht in den Tiefkühler stellen.

Mango-Sorbet mit Chili-Sirup

Der Chili fügt einen Schuss Wärme hinzu - ein wunderbarer Kontrast zur Süße der Mango und der Kälte des Sorbets.

Für 4 Portionen
Zubereitung: 10 Minuten
Abkühlen: 1 Stunde
Tiefkühlen: über Nacht

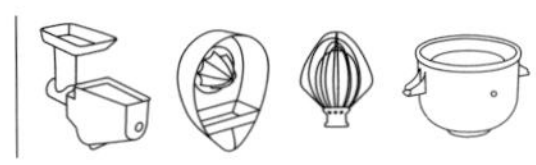

3 reife Mangos
2 Zitronen
250 g Puderzucker

Chili-Sirup:
250 g Zucker
300 ml Wasser
3 große rote Chilis

Einen Tag im Voraus die Tiefkühlschüssel in den Tiefkühler stellen. Am nächsten Tag die Mangos schälen und entkernen, und das Fleisch in Stücke schneiden. Das Mangofleisch in der Mengschüssel mit dem Pürieraufsatz auf Stufe 4 pürieren. Die Zitronen mit der Zitruspresse auf Stufe 6 auspressen. Puderzucker hinzugeben Stufe 4 schlagen, bis sich der Zucker aufgelöst hat und die Mischung glatt ist. 1 Stunde abkühlen lassen.

Die Mangomischung in die Tiefkühlschüssel geben. Den Dasher aufsetzen und auf Stufe 2 mischen, bis das Sorbet nahezu fest ist. In einen Tiefkühlbehälter füllen und über Nacht in den Tiefkühler stellen.

Den Chili-Sirup zubereiten. Den Zucker und Wasser langsam zum Kochen bringen und rühren, bis sich der Zucker aufgelöst hat. 1 Minute lang kochen. Die Chilis entkernen und das Fleisch in sehr dünne Streifen schneiden. Zum Sirup hinzufügen und 25 Minuten lang köcheln. Vom Herd nehmen, wenn die Chili-Streifen durchscheinend sind und über Nacht einweichen lassen.

Am nächsten Tag vor dem Servieren das Mangosorbet in Schüsseln füllen und mit Chili-Sirup beträufeln.

Für 6 Portionen
Zubereitung: 10 Minuten
Kochzeit: 10 Minuten
Tiefkühlen/Marinieren: über Nacht

450 g geschälte reife Bananen
100 g Puderzucker
½ TL frisch geriebene Muskatnuss
3 EL Ahornsirup
3 EL dunkler Rum
300 ml Sahne mit hohem Fettgehalt

Ananas-Carpaccio:
300 g Zucker
2 Sternanise
1 Vanilleschote
1 Zimtstange
½ TL Szechuan-Pfefferkörner
Eine Prise Safranfäden
400 ml Wasser
50 ml weißer Rum
1 reife Ananas

Bananeneis mit Ahornsirup und Rum mit gewürztem Ananas-Carpaccio

Dies ist eine der einfachsten und am schnellsten zu bereitenden Eiscremes aller Zeiten: Nur pürierte Bananen und Schlagsahne. Die Sahnigkeit wird durch ein frisches Ananas-Carpaccio ausgeglichen. Als wirklich luxuriöses Dessert servieren Sie diese Kombination mit Schwarzwald-Fondants (siehe S. 188).

Bereiten Sie dieses Dessert einen Tag im Vorhinein zu, beginnend mit dem Bananeneis. Die Bananen in der Mengschüssel mit dem Pürieraufsatz auf Stufe 4 pürieren. Puderzucker, Muskatnuss, Ahornsirup und Rum mit dem Flachrührer auf Stufe 4 untermischen, bis alles glatt ist. In eine andere Schüssel geben.

Die Mengschüssel gründlich reinigen und abtrocknen, dann die Sahne mit dem Schneebesen auf Stufe 6 schlagen, bis sich leichte Spitzen bilden. Vorsichtig in das Bananenpüree unterheben und in einen tiefkühlfesten Behälter geben. Über Nacht tiefkühlen.

Das Ananas-Carpaccio zubereiten. Den Zucker mit dem Sternanis, der aufgeschnittenen Vanilleschote, Zimt, Szechuan-Pfefferkörnern und Safran in einen Kochtopf geben. Das Wasser hinzufügen, langsam zum Kochen bringen und rühren, bis sich der Zucker aufgelöst hat. 15 Minuten lang köcheln lassen und dann den Rum einrühren. Vom Herd nehmen.

Die Ananas schälen und die „Augen“ entfernen. Die Ananas in Längsrichtung vierteln, dann jedes Viertel mit der Schneidetrommel am Gemüseschneider auf Stufe 4 schneiden. Die Scheiben in eine flache Schale geben und mit Sirup übergießen. Abdecken und über Nacht stehen lassen. Am nächsten Tag die Ananas wieder auf Zimmertemperatur bringen und mit dem Bananeneis servieren.

Pflaumen- und Hibiskus-Fool mit Ingwerplätzchen

Ein Fool ist ein Dessert aus pürierten Früchten mit Schlagsahne. Ich habe Mascarpone und Cointreau für eine erwachsenere Version hinzugefügt. Dies schmeckt auch sehr gut mit gezüchtetem Rhabarber, d.h. Rhabarber, der während des Wachstums niemals in Kontakt mit Licht gekommen ist und daher sehr rosafarben und zart ist.

Für 4-6 Portionen
Zubereitung: 5 Minuten
Ziehen lassen: 15 Minuten
Backzeit: 35 Minuten

400 g rote Pflaumen
100-125 g Akazienhonig
1 Zimtstange
300 ml Sahne mit hohem Fettgehalt
3 EL Cointreau
2 EL Puderzucker
100 g Mascarpone
Geriebene Schale von 2 Clementinen
1 Portion Ingwerplätzchen (siehe S. 23) zum Servieren.

Hibiskussirup:
5 g getrocknete Hibiskusblüten
250 ml Wasser
100 g Zucker

Zuerst den Hibiskussirup zubereiten. Die Hibiskusblüten mit dem Wasser in einen Kochtopf geben. Zum Kochen bringen, sofort vom Herd nehmen, abdecken und 15 Minuten ziehen lassen. Abgießen, 200 ml Hibiskussaft in den Topf geben und den Zucker hinzufügen. Langsam zum Kochen bringen und rühren, bis sich der Zucker aufgelöst hat. Zu Sirup einkochen und abkühlen lassen.

Die Pflaumen entkernen und in 2,5 cm große Stücke schneiden. Mit Honig und Zimt in einen Kochtopf geben. 20 Minuten lang kochen, bis das Obst weich und breiig ist. Abkühlen lassen.

Die Sahne, den Cointreau und den Puderzucker in der Mengschüssel mit dem Schneebesen auf Stufe 6 schlagen, bis sich leichte Spitzen bilden. Den Mascarpone und die Clementinenschale kurz untermischen. Vorsichtig die Früchte unterheben. In Gläser oder Schüsseln löffeln und mit Hibiskussirup beträufeln. Mit den Ingwerplätzchen servieren.

Schneeeier mit Kaffee, Ahornsirup und Pekankaramell

Für 4 Portionen
Zubereitung: 30 Minuten
Backzeit: 15 Minuten

4 Eier
Prise Salz
250 g Zucker
500 ml Milch
1 Eigelb
1 EL Espresso-Kaffeebohnen
2 EL Ahornsirup
50 ml kaltes Wasser
75 g Pekannüsse

Diese Schneeeier sind auch unter ihrer französischen Bezeichnung „Œufs à la Neige" und „îles flottantes" („schwimmende Inseln") bekannt. Beide Namen beziehen sich auf die unglaubliche Leichtigkeit dieser pochierten Baisers.

Die Eier trennen und das Eiweiß mit dem Schneebesen auf Stufe 6 schaumig schlagen; das Eigelb aufbewahren. Salz hinzufügen und auf Stufe 8 weiter schlagen, bis sich leichte Spitzen bilden. 50 g Zucker, jeweils 1 Esslöffel gleichzeitig, hinzufügen, nach jedem Esslöffel gut schlagen.

Milch in einem flachen Kochtopf langsam zum Köcheln bringen. Formen Sie Klößchen (ovale Form) aus der Schaummasse oder bilden Sie unregelmäßig geformte Häufchen. Vorsichtig in die Milch einlegen und 2 bis 3 Minuten pochieren, bis sich ihre Größe verdoppelt hat und sie fest sind; machen Sie dies in mehreren Durchgängen. Die pochierten Baisers mit einem Schaumlöffel herausnehmen und auf Küchenrollenpapier abtropfen lassen. Sie sollten 8 bis 12 Klößchen haben, abhängig von ihrer Größe.

Die Milch in einen anderen Kochtopf durchseihen und wieder zum Kochen bringen. Das aufbewahrte Eigelb und das zusätzliche Eigelb in die Mengschüssel geben. Die fein gemahlenen Kaffeebohnen und 75 g Zucker hinzufügen, dann mit dem Schneebesen auf Stufe 6 schlagen, bis die Masse blass und dick ist. Die Milch langsam auf das Eigelb gießen und auf Stufe 2 schlagen, bis alles gut vermischt ist. Die Mischung wieder in den Kochtopf geben und langsam unter ständigem Rühren erhitzen, bis die Creme eingedickt ist und an der Rückseite eines Kochlöffels haften bleibt. Den Ahornsirup unterrühren und abkühlen lassen.

Das Karamell zubereiten. 125 g Zucker in einen Kochtopf mit schwerem Boden geben und langsam erhitzen, bis sich der Zucker aufgelöst hat. Die Hitze steigern und schnell kochen, bis das Karamell eine intensive goldbraune Farbe hat. Den Kochtopf ab und zu schwenken, damit die Masse gleichmäßig bräunt. Vorsichtig das Wasser hinzufügen; dabei etwas zurückweichen, da das Karamell zischen und spritzen wird. Auf niedriger Flamme rühren, bis das Karamell glatt und etwas flüssig ist. Die Pekannüsse grob hacken und in das Karamell unterrühren.

Die Kaffeecreme in tiefe Teller löffeln und zwei oder drei Baisers pro Teller darauf anrichten. Mit dem Pekankaramell beträufeln und servieren.

Tiramisu mit Himbeeren, Orange und Kardamom

Die Hauptzutat dieses berühmten italienischen Desserts ist Mascarpone, ein italienischer Frischkäse. In Tiramisu wird er mit Kaffee und Alkohol kombiniert. Sie können die Geschmacksrichtung jedoch etwas variieren, wie ich es getan habe.

Für 8 Portionen
Zubereitung: 25 Minuten
Abkühlen: 4-6 Stunden

8 Eier
75 g Puderzucker
500 g Mascarpone
Geriebene Schale von 1 Orange
2 TL gemahlener Kardamom
3 EL Orangenblütenwasser
Eine Prise Salz
500 ml heißer Espresso
100 ml Crème de cacao (Schokoladenlikör)
30-36 Löffelbiskuits (Savoiardi)
375 g Himbeeren
4 EL Kakaonibs (fein gemahlene Kakaobohnen)

Die Eier trennen. Eigelb und Puderzucker in der Mengschüssel mit dem Schneebesen auf Stufe 8 schlagen, bis die Masse blass und dick ist. Auf Stufe 4 den Mascarpone untermischen. Orangenschale, Kardamom und Orangenblütenwasser hinzufügen. Kurz schlagen, bis alles gut vermischt ist und in eine große Schüssel füllen.

Die Mengschüssel und den Schneebesen gründlich reinigen und abtrocknen. Das Eiweiß mit dem Salz auf Stufe 8 steif schlagen. Die Mascarponemischung vorsichtig unterheben.

Den Espresso und den Schokoladenlikör verrühren. Die Hälfte der Löffelbiskuits in den Kaffee eintauchen und den Boden einer großen Schale damit auskleiden. Mit der Hälfte des Mascarpone bedecken.

Die restlichen Löffelbiskuits in den Kaffee tauchen und auf die Himbeeren legen. Mit dem Rest des Mascarpone und den Himbeeren bedecken. Mit Kakaonibs bestreuen. Vor dem Servieren 4 bis 6 Stunden abkühlen lassen.

Zabaglione mit Haselnüssen und Tonkabohnen

Tonkabohnen haben ein komplexes würziges Aroma, das an Mandeln, Anis und Vanille erinnert, mit einer leichten Note Karamelltabak. Sie passen sehr gut zum erdigen Aroma von Haselnüssen.

Für 4-6 Portionen
Zubereitung: 10 Minuten

6 sehr frische Eigelbe
50 g Puderzucker
1 TL geriebene Tonkabohnen
6 EL Frangelico (Haselnusslikör)
2 EL geröstete und geriebene Haselnüsse

Eigelb, Puderzucker, Tonkabohnen und Frangelico in der Mengschüssel mit dem Schneebesen 5 Minuten auf Stufe 8 schlagen, bis die Masse blass und dick ist. Auf Stufe 10 schalten und 5 bis 7 Minuten schlagen, bis die Masse ihr Volumen verdreifacht hat und gerade noch fließfähig ist. Sofort in 6 Serviergläser füllen, mit gerösteten Haselnüssen bestreuen und sofort servieren.

Biscotti mit getrockneten Kirschen, Pistazien und Szechuan-Pfeffer

Diese harten italienischen Plätzchen werden zweimal gebacken, daher ihr Name: bis-cotti. Traditionellerweise werden sie in ein Glas Vin Santo – einen toskanischen Dessertwein – eingetunkt, aber sie schmecken auch herrlich mit einem Cappuccino oder mit einer warmen Schokolade.

Für ungefähr 60 Stück
Zubereitung: 10 Minuten
Backzeit: 45 Minuten

300 g Mehl
1 ½ TL Backpulver
150 g Zucker
1 TL gemahlener Szechuan-Pfeffer
3 Eier
75 g getrocknete Kirschen
75 g geschälte Pistazien

Den Ofen auf 180°C/Gas Stufe 4 vorheizen. Mehl, Backpulver, Zucker und Szechuan-Pfeffer in der Mengschüssel 15 Sekunden lang mit dem Flachrührer auf Stufe 2 mixen.

Danach mit dem Knethaken die Eier auf Stufe 4 einkneten, bis sich der Teig bindet. Kirschen und Pistazien beigeben und auf Stufe 2 weiter kneten, bis sich der Teig sauber von der Schüssel löst. Den Teig in zwei Portionen teilen.

Jede Portion auf einer leicht bemehlten Fläche zu einer 4 bis 5 cm breiten Rolle formen. Die Rollen auf ein eingefettetes Backblech legen und 20 bis 25 Minuten lang backen, bis die Ränder goldbraun sind. Aus dem Ofen nehmen und 10 Minuten fest werden lassen, dann die Rollen in 1 cm große Scheiben schneiden und diese wieder auf das Backblech legen. 10 Minuten lang backen und auf einem Drahtgitter abkühlen lassen.

Pavlovas mit tropischen Früchten und Jasmin

Für 8 Portionen
Zubereitung: 10 Minuten
Backzeit: 1 Stunde

4 Eiweiße
Eine Prise Salz
220 g Zucker
2 EL Jasminteeblätter
2 TL Speisestärke
1 TL Weißweinessig
1 Mango
1 Papaya
1 Sternfrucht (Karambole)
2 Kiwis
4 reife Feigen
2 Mengen Syllabub mit Gin und Tonic (siehe S. 28), aromatisiert mit 1 Vanilleschote und 2 Esslöffeln Midori anstelle des Gin
1 Granatapfel
4 EL Jasminsirup

Dieses Dessert ist nach der Ballerina Anna Pavlova bekannt, weil ihr Ballettröckchen Escoffier an einen Baiser erinnert hat. Das Geheimnis eines perfekten Baisers mit einer knusprigen Außenhülle und einem zähflüssigen Inneren liegt in der Hinzufügung von Speisestärke und Essig. Midori ist ein Melonenlikör.

Den Ofen auf 170°C/Gas Stufe 3 vorheizen. Die Eiweiße und Salz mit dem Schneebesen auf Stufe 4 schaumig schlagen, dann auf Stufe 8 steigern, bis sich steife Spitzen bilden. Zucker und Jasmintee in einer Kaffeemühle mehr oder weniger fein mahlen. Jeweils einen Esslöffel gleichzeitig zum Eiweiß hinzufügen. Warten, bis der vorige Esslöffel Zucker vollständig aufgenommen wurde, bevor Sie den nächsten Löffel zugeben. Wenn die Mischung zu glänzen beginnt, auf Stufe 10 steigern und weiter Zucker hinzufügen. Wenn der ganze Zucker vermischt ist, wird das Baiser sehr steif und glänzend sein.

Den Schneebesen abnehmen, die Speisestärke über die Schaummasse sieben und mit dem Essig beträufeln. Beides mit einem großen Metalllöffel in die Schaummasse unterheben. Die Masse in 8 Kreise mit einem Durchmesser von 10 cm auf zwei Silikonbögen verstreichen. Eine Grube in den Baisers für die Füllung machen. Die Baisers in den Ofen geben, dann sofort die Hitze auf 130°C/Gas Stufe 1/2 reduzieren. Das Baiser 1 Stunde lang backen. Die Baisers sind fertig, wenn sie sich trocken anfühlen und wenn sie einfach vom Silikonbogen abgehoben werden können. Den Ofen ausschalten, und die Baisers bei halb geöffneter Ofentür darin stehen lassen, bis sie völlig abgekühlt sind. Dies verhindert, dass die Baisers brechen.

Die Früchte nötigenfalls schälen und keilförmig oder in Scheiben schneiden. Den Syllabub in die Baisers löffeln und mit den Früchten garnieren. Den Granatapfel halbieren und die Samen über die Früchte streuen. Mit dem Jasminsirup beträufeln und sofort servieren.

Bayrische Creme mit weisser Schokolade und grünem Tee mit Holunderblüten-Granita

Für 4-6 Portionen
Zubereitung: 20 Minuten
Backzeit: 30 Minuten
Tiefkühlen: 4 Stunden

100 ml Milch
300 ml Sahne mit hohem Fettgehalt
1 EL Matcha (japanischer pulverisierter grüner Tee)
50 g Zucker
3 große Eigelbe
100 g weiße Schokolade
2 Gelatineblätter

Holunderblüten-Granita:
150 g Zucker
400 ml Wasser
125 ml Holunderblütenlikör
Saft von ½ Zitrone

Bavarois ist eine feste Creme, eine Kreuzung zwischen Panna Cotta und Mousse. Es ist wichtig, die Creme vollständig abkühlen zu lassen, bevor man die Schlagsahne unterhebt. Sorgen Sie dafür, dass sich die Creme nicht setzt, sonst wird der Bavarois klumpig.

Milch, 100 ml Sahne und Matcha mit ½ Esslöffel Zucker in einen Kochtopf geben und zum Kochen bringen. Rühren, bis sich Matcha und Zucker aufgelöst haben. Das Eigelb und den restlichen Zucker in der Mengschüssel mit dem Schneebesen auf Stufe 4 schlagen, bis die Masse blass und dick ist. Die heiße Milch auf das Eigelb gießen und auf Stufe 2 schlagen, bis alles gut vermischt ist.

Die Mischung wieder in den Kochtopf geben und auf kleiner Flamme rühren, bis die Creme eindickt und an der Rückseite eines Kochlöffels haften bleibt. Die weiße Schokolade reiben und die Gelatine in kaltem Wasser einweichen. Wenn die Creme eingedickt ist, vom Herd nehmen und auf die Schokolade gießen. Glatt rühren, die Gelatine ausdrücken und in die weiße Schokoladecreme mischen. In eine Schüssel durchseihen und mit Frischhaltefolie bedecken, damit sich keine Haut auf der Oberfläche bildet. Die Creme vollständig abkühlen lassen, bis sie zu erstarren beginnt.

Die Holunderblüten-Granita zubereiten. Den Zucker mit 150 ml Wasser in einen Topf geben. Langsam zum Kochen bringen und rühren, bis sich der Zucker aufgelöst hat. Vom Herd nehmen und 250 ml Zuckersirup in einen Messbecher geben. Den Holunderblütenlikör, Zitronensaft und 250 ml Wasser dazugeben. Gut durchmischen und in einen flachen Tiefkühlbehälter füllen. 2 Stunden lang tiefkühlen, bis die Granita an den Rändern fest ist.

In der Zwischenzeit die restlichen 200 ml Sahne in der Mengschüssel mit dem Schneebesen auf Stufe 6 schlagen, bis sich leichte Spitzen bilden. Vorsichtig in die weiße Schokoladecreme unterheben und in Tassen oder Gläser füllen. Abkühlen, bis die Creme erstarrt ist. Oder in einer großen Schüssel erstarren lassen und vor dem Servieren kleine Klößchen formen.

Wenn die Granita an den Rändern fest ist, die Eiskristalle mit einer Gabel aufbrechen und in die Granita rühren. Erneut 30 Minuten in den Tiefkühler stellen und erneut mit der Gabel durchrühren. Dieses Tiefkühlen und Durchrühren wiederholen, bis die Granita flaumig ist, und mit den Bavarois servieren.

Schokoladencreme mit Minze

Diese kleinen Schokoladentöpfchen sind äußerst schnell und einfach zuzubereiten. Die Möglichkeiten sind endlos, Sie können immer wieder damit experimentieren.

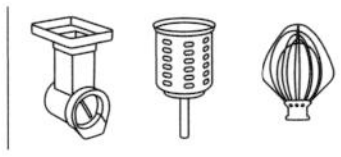

Für 4 Portionen
Zubereitung: 5 Minuten
Ziehen lassen: 20 Minuten
Kochzeit: 10 Minuten
Abkühlen: 2 Stunden

300 ml Sahne
½ Bund frische Minze
200 g Zartbitterschokolade (70 %)
2 große Eigelbe
3 EL Crème de menthe (Minzelikör)
25 g Butter
Kristallisierte Minzeblätter zum Dekorieren
8 Plätzchen Ihrer Wahl zum Servieren (wahlweise)

Sahne und Minze in einem kleinen Kochtopf zum Kochen bringen. Sofort vom Herd nehmen, abdecken und 20 Minuten ziehen lassen. Die Sahne wieder in den Kochtopf seihen und die Minze entfernen.

Die Schokolade in der Mengschüssel mit der groben Raspeltrommel am Gemüseschneider auf Stufe 4 reiben. Die durchzogene Creme wieder zum Kochen bringen und über die Schokolade gießen. Glatt rühren und mit dem Schneebesen die Eigelbe und den Minzelikör untermischen. Leicht abkühlen lassen und dann die Butter untermischen. In kleine Töpfchen oder Gläser füllen und abkühlen lassen. Auf Zimmertemperatur bringen, mit kristallisierten Minzeblättern garnieren und mit den Plätzchen servieren.

Schokoladenmousse mit Lapsang Souchon und Single Malt Whisky

Schokoladenmousse hat viele verschiedene Erscheinungsformen: mit oder ohne Butter, Sahne, Alkohol … In diesem Rezept habe ich beschlossen, den Geschmack der Zartbitterschokolade mit rauchigem Lapsang Souchong-Tee und torfigem Single Malt Whisky zu ergänzen – für ein sehr erwachsenes Dessert.

Für 4 Portionen
Zubereitung: 15 Minuten
Abkühlen: über Nacht

150 g Zartbitterschokolade (70 %)
50 g Butter
50 g Zucker
½ EL Lapsang Souchong-Teeblätter
3 große Eier
2 EL Single Malt Whisky
Eine Prise Salz
Kakaonibs (grob gemahlene Kakaobohnen) zum Servieren.

Die Schokolade in einer hitzefesten Schüssel mit der groben Raspeltrommel am Gemüseschneider auf Stufe 4 reiben. Die Butter hinzufügen und über einem Topf mit siedendem Wasser schmelzen lassen. Glatt rühren und zur Seite stellen.

Zucker und Tee in einer Kaffeemühle fein mahlen. Die Eier trennen. Eigelb, Teezucker und Whisky in der Mengschüssel mit dem Schneebesen auf Stufe 6 schlagen, bis die Masse blass und dick ist. Vorsichtig die geschmolzene Schokolade hineingießen.

Die Mengschüssel und den Schneebesen gründlich reinigen und abtrocknen, und danach die Eiweiße und etwas Salz auf Stufe 8 steif schlagen. Vorsichtig in die Schokoladenmischung unterheben. In Schüssel oder auf Teller löffeln und über Nacht abkühlen lassen; oder in eine große Schüssel füllen und das Mousse in Form von Klößchen servieren. Kurz vor dem Servieren die Kakaonibs darüberstreuen.

Schwarzwald-Fondants

Für 8 Portionen
Zubereitung: 30 Minuten
Backzeit: 15 Minuten

250 g Zartbitterschokolade (70 %)
250 g Butter
2 EL Kirsch
225 g Zucker
2 Tonkabohnen
5 Eier
5 Eigelbe
50 g Mehl

Kirschenkompott:
800 g Weichseln (Sauerkirschen) aus der Dose
4 EL Kirschwasser

Mascarpone-Creme:
1 Vanilleschote
250 g Mascarpone
50 ml Milch
200 g Sauerrahm
2 EL Kirsch
50 g Puderzucker

Schwarzwälder Kirschtorte ist eine berühmte deutsche Torte, bei der Zartbitterschokolade mit saftigen Kirschen und dem berauschenden Aroma von Kirschwasser kombiniert wird. Dieses Rezept ist meine Interpretation dieses klassischen Desserts.

Zuerst das Kirschenkompott zubereiten. Die Weichseln abgießen, den Saft auffangen und die Hälfte der Weichseln in eine Schüssel geben. Mit dem Kirschwasser begießen und 20 Minuten lang ziehen lassen. Danach die Weichseln abgießen und zur Seite stellen. Das Kirschwasser zum aufgefangenen Weichselsaft geben. Zum Kochen bringen und zu einem dicken Sirup einkochen. In die restlichen Weichseln mischen und zur Seite stellen.

Die Mascarpone-Creme zubereiten. Die Vanilleschote in Längsrichtung aufschneiden und die Samen herausschaben. Diese mit der Milch in den Mascarpone mischen. Sauerrahm, Kirschwasser und Puderzucker mit dem Schneebesen auf Stufe 6 schlagen. Den Vanille-Mascarpone unterheben und abkühlen.

Den Ofen auf 200°C/Gas Stufe 6 vorheizen. Schokolade und Butter mit dem Kirschwasser schmelzen lassen. Den Zucker und die Tonkabohnen in einer Kaffeemühle zu einem feinen Pulver mahlen. Eier, Eigelbe und Tonkazucker in der Mengschüssel mit dem Schneebesen auf Stufe 8 schlagen, bis die Masse blass und dick ist. Vorsichtig die geschmolzene Schokolade unterheben. Das Mehl über die Masse sieben und kurz durchmengen.

Die Hälfte der Schokoladenmasse über 8 gut eingefettete und bemehlte Dariolformen von 200 ml verteilen. Vorsichtig 3 mit Kirschwasser marinierte Weichseln darauf geben und mit der restlichen Masse bedecken. 10 bis 12 Minuten lang backen, bis sich die Oberseite trocken anfühlt, die Mitte jedoch noch immer weich ist. Vor dem Stürzen 1 Minute ruhen lassen und mit dem Kirschenkompott und der Mascarpone-Creme servieren.

Für 8 Portionen
Zubereitung: 20 Minuten
Abkühlen: 1 Stunde
Backzeit: 30 Minuten

100 g weiche Butter
100 g Puderzucker
2 große Eigelbe
225 g Mehl
25 g Kakaopulver
Eine Prise Salz
Sauerrahm zum Servieren
Kakaopulver zum Bestäuben

Schokoladenfüllung:
300 g getrocknete Aprikosen
75 ml Wasser
3 EL Zitronensaft
200 g Milchschokolade in guter Qualität
100 g Zartbitterschokolade (85 %)
200 g Butter
2 Eier
2 Eigelbe
50 g Zucker
1 ½ TL frisch gemahlener Szechuan-Pfeffer

Schokoladentörtchen mit Aprikosen und Szechuan-Pfeffer

Schokolade passt gut zu allen Tortenfrüchten, wie beispielsweise Aprikosen, Himbeeren oder Erdbeeren. Aber diese Törtchen können auch mit Birnen, Bananen oder Mangos zubereitet werden.

Butter und Zucker in der Mengschüssel mit dem Flachrührer auf Stufe 2 schlagen, bis die Masse blass und flaumig ist. Nach und nach die Eigelbe dazugeben, bis alles gut vermischt ist. Mehl, Kakaopulver und Salz auf Stufe 4 untermischen, bis sich der Teig von den Seiten der Schüssel löst. In Frischhaltefolie einwickeln und 30 Minuten lang abkühlen lassen.
Den Teig auf einer leicht bemehlten Fläche ausrollen und 8 eingefettete Törtchenformen von 8 cm damit auskleiden. Den Boden mit einer Gabel einstechen und 30 Minuten lang stehen lassen.

Den Ofen auf 180°C/Gas Stufe 4 vorheizen. Die Törtchenformen mit Backpapier auslegen und mit Backbohnen füllen. 20 Minuten lang blind backen. Das Papier und die Bohnen entfernen und abkühlen lassen.

In der Zwischenzeit das Aprikosenpüree zubereiten. Die Aprikosen fein hacken und 5 Minuten lang mit dem Wasser köcheln lassen. Im Blender auf Stufe mit dem Zitronensaft pürieren, bis alles schön glatt ist. Das Aprikosenpüree in die gekühlten Törtchenformen verteilen.

Schokolade und Butter gemeinsam schmelzen. Eier, Eigelbe, Zucker und Szechuan-Pfeffer in der Mengschüssel mit dem Schneebesen auf Stufe 8 schlagen, bis die Masse blass und dick ist. Vorsichtig die geschmolzene Schokolade unterheben und in die Törtchenformen löffeln. 8 Minuten lang bei 180°C/Gas Stufe 4 backen. Die Füllung wird sich erst beim Abkühlen völlig setzen. Die Törtchen warm oder bei Zimmertemperatur mit Sauerrahm servieren. Vor dem Servieren mit Kakao bestreuen.

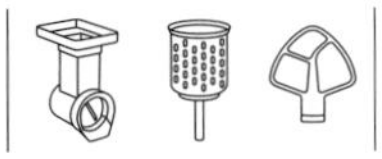

Pithiviers mit Schokolade und Lavendel

Für 6 Portionen
Zubereitung: 15 Minuten
Abkühlen: 30 Minuten
Backzeit: 25 Minuten

50 g Marzipan
75 g Puderzucker
2 EL getrocknete Lavendelblüten
50 g weiche Butter
2 Eigelbe
2 EL Kakaopulver
50 g geriebene Mandeln
2 EL Crème de cacao (Schokoladelikör)
1 Portion Vanillecreme (siehe S. 26), aromatisiert mit 50 g geriebener Zartbitterschokolade (70 %)
1 Portion Blätterteig (siehe S. 24)
1 Ei
1 EL Puderzucker
1 Portion Vanillesauce (siehe S. 25), aromatisiert mit 2 Esslöffel getrockneten Lavendelblüten zum Servieren.

Servieren Sie dieses französische Mandelgebäck warm mit Pistazieneis, oder bei Zimmertemperatur mit Lavendelcreme.

Das Marzipan mit der mittelgroben Raspeltrommel am Gemüseschneider auf Stufe 4 in die Mengschüssel reiben. Puderzucker und Lavendel in einer Kaffeemühle mahlen. Gemeinsam mit der Butter in die Mengschüssel geben. Mit dem Flachrührer auf Stufe 2 schlagen, bis die Masse blass und flaumig ist. Die Eigelbe Stück für Stück einschlagen, dann Kakaopulver, Mandeln und Schokoladelikör dazugeben. Zuletzt 100 ml Vanillecreme einschlagen, jeweils nur einen Esslöffel gleichzeitig (die restliche Vanillecreme für ein anderes Rezept aufbewahren). Abdecken und ziehen lassen.

Den Teig auf einer leicht bemehlten Fläche ausrollen. 12 Kreise mit einem Durchmesser von 10 cm ausschneiden und sechs davon auf ein Backblech, belegt mit Pergamentpapier, legen. Ein Sechstel der Füllung auf jeden Teigkreis geben, dabei rundherum einen Rand von 2 cm freilassen. Diese Ränder mit Wasser bestreichen, dann die restlichen Teigkreise über die Füllung legen. Die Ränder gut zusammendrücken, und mit einer Gabel ein gerilltes Muster machen. 30 Minuten stehen lassen.

Den Ofen auf 220°C/Gas Stufe 7 vorheizen. Das Ei mit einem Esslöffel Wasser schlagen und das Gebäck glasieren. Mit einem Messer leichte kurvige Linien von der Mitte zu den Rändern ritzen und so ein Wagenradmuster machen. Ein kleines Loch in der Oberseite machen, damit der Dampf entweichen kann, und 20 Minuten lang - oder bis sie schön aufgegangen sind - goldbraun backen. Die Oberseite mit Puderzucker bestäuben und weitere 5 Minuten in den Ofen geben. Die Pithiviers aus dem Ofen nehmen 10 Minuten abkühlen lassen, bevor man sie mit Lavendelcreme serviert.

Zitronen-/Vanilletorte

Dies ist eine klassische französische Torte, wobei Zitrone und Vanille durch Blutorange und Thymian oder Grünem Tee und Limone ersetzt werden können. Buttergebäck ist schwieriger zu verarbeiten als Mürbeteig. Falls der Teig beim Auskleiden der Backform reißt, können Sie die Risse einfach mit übrig gebliebenem Teig zusammenflicken.

Für 8 Portionen
Zubereitung: 15 Minuten
Backzeit: 1 Stunde 10 Minuten

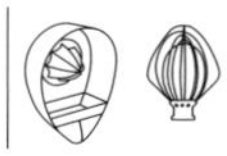

1 Menge Butterteig (siehe S. 23), zubereitet mit 2 EL getrockneten Lavendelblättern
2-3 Zitronen
1 Vanilleschote
4 Eier
1 Eigelb
200 g Zucker
200 ml Sahne mit hohem Fettgehalt
Puderzucker zum Bestäuben (wahlweise)
Warme Sahne (clotted cream) oder Mascarpone zum Servieren.

Den Ofen auf 180°C/Gas Stufe 4 vorheizen. Den Teig auf einer leicht bemehlten Fläche ausrollen und eine eingefettete Springform damit auskleiden. Den Teig mit einer Gabel durchstechen und mit Pergamentpapier und Backbohnen belegen. 12 Minuten lang blind backen. Das Papier und die Bohnen entfernen und nochmals 15 Minuten backen.

In der Zwischenzeit die Schale von den Zitronen reiben und zur Seite stellen. Die Zitronen halbieren und den Saft mit der Zitruspresse auf Stufe 6 auspressen. Die Vanilleschote in Längsrichtung aufschneiden und die Samen herausschaben. Eier, Eigelb, Zucker, Zitronenschale und Vanillesamen in der Mengschüssel mit dem Schneebesen auf Stufe 6 schlagen, bis die Masse blass und dick ist. Den Zitronensaft auf Stufe 2 untermischen, dann vorsichtig die Sahne unterheben. In die heiße Springform füllen und die Ofentemperatur auf 130°C/Gas Stufe 1/2 reduzieren. Die Torte 40 Minuten lang backen, bis sich die Füllung gerade fest anfühlt. Abkühlen lassen und dann auf Wunsch mit Puderzucker bestreuen. Mit warmer Sahne (clotted cream) oder Mascarpone servieren.

HASELNUSSTÖRTCHEN MIT ROTWEINBIRNEN

Für 6-8 Portionen
Zubereitung: 10 Minuten
Abkühlen: 30 Minuten
Backzeit: 1 Stunde 15 Minuten

1 Portion Mürbeteig (siehe S. 22)
125 g weiche Butter
125 g Zucker
2 geschlagene Eier
25 g Mehl
125 g geriebene Haselnüsse
1 Portion weißes Schokoladeneis (Siehe S. 27) zum Servieren

Rotweinbirnen:
½ Flasche Beaujolais
125 ml roter Portwein
250 ml frisch ausgepresster Orangensaft
Schale von 2 Orangen
Schale von 1 Zitrone
1 Lorbeerblatt
2 TL Korianderkörner
1 Rosmarinzweig
1 Zimtstange
1 Tonkabohne
250 g Zucker
3-4 reife, aber feste Kochbirnen

Frangipane ist eine Mischung aus Butter, Zucker und geriebenen Nüssen (üblicherweise Mandeln), die als Basis für alle Arten von Obsttorten verwendet werden kann. Durch Pochieren in Rotwein erhalten die Birnen eine prächtige tiefrote Farbe auf der Außenseite, die im Kontrast zu dem weichen Fruchtfleisch im Inneren steht.

Zuerst die Rotweinbirnen zubereiten. Alle Zutaten, außer den Birnen, in einen großen Kochtopf geben und langsam zum Kochen bringen. Rühren, bis sich der Zucker aufgelöst hat. Die Hitze reduzieren und 10 Minuten lang köcheln lassen. Die Birnen schälen und entkernen, die Stiele jedoch nicht entfernen. Die Birnen in Längsrichtung halbieren und in den Sirup geben. Mit Pergamentpapier bedecken und 20 bis 30 Minuten sacht pochieren, bis die Birnen weich sind. Aus dem Sirup nehmen und abkühlen lassen. Die Pochierflüssigkeit zu Sirup einkochen, abseihen und abkühlen.

Den Ofen auf 180°C/Gas Stufe 4 vorheizen. 6 bis 8 Törtchenformen von 10 cm einfetten. Den Teig ausrollen, die Törtchenformen damit auskleiden, und 30 Minuten lang abkühlen lassen. Butter und Zucker in der Mengschüssel mit dem Flachrührer auf Stufe 4 schlagen, bis die Masse blass und flaumig ist. Die Eier nach und nach auf Stufe 6 schlagen, bis sie gut vermengt sind. Das Mehl auf Stufe 2 in die cremige Mischung unterheben, dann die Haselnüsse unterheben. Das Frangipane in die Törtchenformen füllen.

Das Fleisch der Länge nach in dünne Scheiben schneiden, damit sie diese durch sanftes Drücken auf die Birnen auffächern können. Eine Birnenhälfte in jedes Törtchen legen und 30 bis 35 Minuten backen, bis sich das Frangipane gesetzt hat. Auf einem Drahtgitter abkühlen lassen, und lauwarm oder bei Zimmertemperatur mit dem Eis und einem Spritzer Rotweinsirup servieren. Sie können die Törtchen auch mit dem weißen Schokoladenpudding servieren, bevor Sie ihn zu Eiscreme aufschäumen.

Für 8 Portionen
Zubereitung: 15 Minuten
Abkühlen: 50 Minuten
Backzeit: 30 Minuten

350 g Mehl
Eine Prise Salz
1 EL Puderzucker
60 g Butter
60 g sehr kaltes Schweinefett
60 g reifer Cheddar
2 geschlagene Eier
2-3 EL Milch
1 Portion Vanillecreme (siehe S. 25), aromatisiert mit ½ TL frisch geriebener Muskatnuss anstelle von Vanille zum Servieren.

Apfelfüllung:
750 g Speiseäpfel, z. B. Cox's Orange Pippin, Gala oder Pink Lady
1,25 kg Kochäpfel, z. B. Bramley
50 g Butter
100 g Zucker
Geriebene Schale von 2 Orangen
Geriebene Schale von 2 Zitronen
2 EL fein gehackter Thymian
1 gehäufter EL Grieß

Apfelkuchen mit Thymian und Cheddar-Kruste

Apfelkuchen ist der wahrscheinlich beliebteste Obstkuchen und er hat viele Erscheinungsformen. In diesem Rezept habe ich mit dem Cheddar eine pikante Note hinzufügt. Eine überraschende Kombination, die außergewöhnlich gut mit den Äpfeln und dem Thymian harmoniert.

Mehl, Salz und Puderzucker in die Mengschüssel sieben. Butter und Schweinefett würfeln und den Cheddar mit der mittelgroben Raspeltrommel am Gemüseschneider auf Stufe 4 reiben. Butter, Schweinefett, Cheddar und 1 Ei mit dem Flachrührer auf Stufe 2 in das Mehl rühren. Die Milch beigeben und weiter mixen, bis sich der Teig verbindet und sich von den Seiten der Schüssel löst. Auf einer leicht bemehlten Fläche kurz kneten, in Frischhaltefolie einwickeln und 30 Minuten rasten lassen.

Die Äpfel schälen, entkernen und mit der Schneidetrommel am Gemüseschneider auf Stufe 4 schneiden. Die Butter in einem großen Kochtopf schmelzen und die Äpfel mit dem Zucker 5 Minuten lang kochen, bis sie weicher werden. Vom Herd nehmen und die Äpfel abseihen, dabei den Saft auffangen. Die Orangen- und Zitronenschalen und den Thymian in die Äpfel einrühren.

Den Teig in zwei Portionen teilen, eine doppelt so groß wie die andere. Die größere Portion auf einer leicht bemehlten Fläche ausrollen und eine Springform mit einer Größe von 18 bis 20 x 8 cm damit auskleiden. Den Teig mit einer Gabel einstechen und 20 Minuten lang stehen lassen.

Den Ofen auf 200°C/Gas Stufe 6 vorheizen. Die vorbereitete Springform mit Pergamentpapier und Backbohnen belegen. 25 Minuten lang blind backen. Das Papier und die Bohnen entfernen und nochmals 5 bis 10 Minuten backen.

Die Ofentemperatur auf 220°C/Gas Stufe 7 steigern. Den Grieß über den Teig streuen und die Äpfel einstapeln. Den restlichen Teig zu einem Kreis ausrollen, der einen etwas größeren Durchmesser als 18 oder 20 cm hat. Auf die Äpfel legen, die Ränder zuschneiden und leicht andrücken. Die Oberfläche mit dem restlichen Ei glasieren und ein kleines Loch in die Mitte schneiden, damit der Dampf beim Backen entweichen kann. 25 bis 30 Minuten lang goldbraun backen. Vor dem Servieren 20 Minuten lang rasten lassen, und dann mit dem zuvor aufgefangenen Apfelsaft und der Muskatcreme servieren.

Strudel mit Äpfeln, Brombeeren und Mandeln

Die klassische Füllung dieses deutschen Gebäcks sind Äpfel, aber ich verwende auch Brombeeren. Sie können auch Heidelbeeren dazugeben oder die Äpfel sogar durch Kirschen, Birnen oder Bananen ersetzen. Herrlich schmeckt auch Schokolade, die beim Backen des Strudels im Obst schmilzt.

Für 8-10 Portionen
Zubereitung: 20 Minuten
Backzeit: 40 Minuten

125 g frische weiße Brotkrumen
100 g Butter
750 g Äpfel Cox's Orange Pippin
150 g Brombeeren
125 g hellbrauner Zucker
50 g geröstete Mandelflocken
1 TL geriebener Zimt
1 Portion Strudelteig (siehe S. 25)
100 g geschmolzene Butter
Flüssiger Honig zum Glasieren.

Amaretto-Creme:
500 ml Sahne mit hohem Fettgehalt
6 EL Amaretto
6 EL Honig

Den Ofen auf 200°C/Gas Stufe 6 vorheizen. Die Brösel in der Butter goldbraun und knusprig braten. Die Äpfel schälen und mit der Schneidetrommel am Gemüseschneider auf Stufe 4 schneiden. Die Brösel, Brombeeren, Zucker, Mandeln und Zimt dazugeben. Mit den Händen mischen, bis jede Apfelscheibe mit der Bröselmischung bedeckt ist.

Ein sehr sauberes Tischtuch oder Laken leicht bemehlen. Den Teig vorsichtig mit den Händen dehnen, bis er ein Quadrat von 60 cm bildet. Die Kanten mit einem scharfen Messer oder einer Schere abschneiden.

Den Teig mit geschmolzener Butter bestreichen, dabei etwas Butter zum Glasieren des Strudels aufheben. Die Füllung gleichmäßig über den Teig verteilen und gemeinsam mit dem Tischtuch in eine lange Form aufrollen. Auf ein eingefettetes Bachblech heben und den Strudel mit der restlichen geschmolzenen Butter bestreichen. 40 Minuten lang backen, bis der Strudel goldbraun und gar ist. In der Zwischenzeit die Schlagsahne mit dem Schneebesen auf Stufe 6 schlagen, bis sich leichte Spitzen bilden. Bei laufendem Motor Amaretto und Honig dazugeben. Den Strudel mit Honig glasieren und warm mit der Amarettocreme servieren.

Tarte Tatin mit Ananas und Espelette

Eine Tarte Tatin wird üblicherweise mit Blätterteig zubereitet. Da ich mich niemals gerne an die Regeln halte oder Regeln befolge, mache ich sie mit Mürbeteig. Die Hinzufügung von Espelette-Pfeffer verleiht ein spannendes hitziges Prickeln. Dies schmeckt wunderbar mit einer Kugel Limoneneis (siehe S. 164).

Für 6 Portionen
Zubereitung: 20 Minuten
Rasten: 20 Minuten
Backzeit: 20 Minuten

250 g Zucker
300 ml Wasser
6 dicke Ananasscheiben, 1,5 cm dick
1 TL Fenchelsamen
1 Vanilleschote
1 Zimtstange
1 Portion Mürbeteig (siehe S. 22)
50 g Butter
2 TL Espelette-Pfeffer

Zuerst die Ananas vorbereiten. 100 g Zucker mit dem Wasser in einen Kochtopf geben. Langsam zum Kochen bringen und rühren, bis sich der Zucker aufgelöst hat. Die Ananasscheiben, Fenchelsamen, Vanille und Zimt dazugeben. 15 Minuten lang köcheln, bis die Ananas weich ist. Die Ananasscheiben gut abtropfen lassen.

Den Boden von 6 Backformen mit einem Durchmesser von 10 cm mit Pergamentpapier auslegen und das Papier mit Butter einfetten. Den Teig 2 mm dick ausrollen und 6 Kreise mit einem Durchmesser von 10 cm ausstechen. Den restlichen Zucker in einen Kochtopf mit schwerem Boden geben. Sehr langsam kochen, bis ein leichtes Karamell entsteht und dann vom Herd nehmen.

Die Butter würfeln und in das Karamell geben, dabei die Pfanne schwenken, bis die Butter gut aufgenommen ist. Eine dünne Schicht Karamell in jede Backform gießen und mit dem Espelette-Pfeffer bestreuen. Eine Ananasscheibe drauflegen und mit dem Teig bedecken. Den Teig einschlagen, damit er die Frucht völlig umhüllt. 20 Minuten ruhen lassen.

Den Ofen auf 230°C/Gas Stufe 8 vorheizen. Die Törtchen 18 bis 20 Minuten goldbraun backen. Die Törtchen aus dem Ofen nehmen, 1 Minute stehen lassen und dann aus der Form nehmen. Die Torten stürzen, sodass der Teig am Boden und die Ananas auf der Oberfläche ist. Den restlichen Saft über die Ananas träufeln, und sofort servieren.

Käsekuchen mit Kürbis und Ahornsirup

Dies ist meine Interpretation eines typisch amerikanischen Desserts: Kürbiskuchen. Es ist ein perfektes Beispiel dafür, dass Gemüse in Desserts vorzüglich schmecken kann. Durch das Rösten wird der Geschmack des Kürbisses intensiviert.

Für 6-8 Portionen
Zubereitung: 30 Minuten
Backzeit: 1 Stunde 15 Minuten

400 g Kürbis (gebrauchsfertiges Gewicht)
125 g geschmolzene Butter
200 g Vollkornplätzchen
50 g Pekannüsse
25 g eingelegter Ingwer
400 g Mascarpone
250 g Ricotta
100 g hellbrauner Zucker
4 Eier
100 ml Sahne mit hohem Fettgehalt
2 EL Ahornsirup, plus extra zum Beträufeln
1 EL Mehl
½ TL geriebener Zimt
½ TL geriebener Ingwer
¼ TL geriebene Gewürznelken
¼ TL geriebene Muskatblüte

Den Ofen auf 180°C/Gas Stufe 4 vorheizen. Den Kürbis keilförmig schneiden. Die Kürbisstücke auf ein Backblech legen und 30 Minuten – oder bis der Kürbis wirklich weich ist – rösten. Leicht abkühlen lassen und in der Mengschüssel mit dem Pürieraufsatz auf Stufe 4 pürieren.

Eine Springform mit einem Durchmesser von 24 cm mit 25 g geschmolzener Butter einfetten. Die Vollkornkekse im Blender auf Stufe fein hacken. Die restliche geschmolzene Butter untermischen. Die Pekannüsse und den eingelegten Ingwer im Blender auf Stufe mit Hilfe der Pulse-Taste rühren. Mit den Vollkornkeksen und der Butter mischen, dann auf den Boden der Backform andrücken und abkühlen lassen.

Die restlichen Zutaten mit dem Flachrührer auf Stufe 4 in das Kürbispüree mischen, bis alles gut vermischt und glatt ist. In die Springform füllen und 15 Minuten lang backen. Dann die Ofentemperatur auf 130°C/Gas Stufe 1/2 reduzieren. Ungefähr 1 Stunde – oder bis sich die Füllung fest anfühlt – backen. Den Ofen ausschalten und den Käsekuchen im Ofen abkühlen lassen. In Stücke schneiden und mit Ahornsirup beträufeln.

Profiteroles mit Passionsfruchtcreme mit Veilchen

Für 4 Portionen
Zubereitung: 30 Minuten
Backzeit: 30 Minuten

½ Portion Brandteig (siehe S. 24)
1 Eigelb
2 TL Milch
1 Menge Schokoladenganache (siehe S. 27)
100 ml Sahne mit hohem Fettgehalt für die Ganache
50 g kristallisierte Veilchen zum Dekorieren

Passionsfruchtcreme:
6 Passionsfrüchte
½ Menge Vanillecreme (siehe S. 26)
100 ml Sahne mit hohem Fettgehalt
3 EL Veilchenlikör

Passionsfrucht und Veilchen scheinen seltsame Kameraden zu sein, aber sie harmonieren überraschend gut. Natürlich können Sie die Veilchen auch weglassen oder durch einen anderen Geschmack ersetzen, wenn diese nicht nach Ihrem Geschmack sind.

Den Ofen auf 200°C/Gas Stufe 6 vorheizen. Ein oder zwei Backbleche mit Pergamentpapier auskleiden. Den Brandteig in einen Spritzbeutel mit einer 1 cm großen glatten Düse füllen und kleine Teigmengen mit einem Durchmesser von ungefähr 4 cm auf die Backbleche spritzen. Genügend Platz zwischen den Teigmengen lassen, da sich der Brandteig beim Backen ausdehnt. Eigelb und Milch vermengen und den Teig glasieren.

Die Windbeutel 5 Minuten lang backen und dann die Ofentür einige Sekunden lang öffnen, damit der Dampf entweichen kann und die Windbeutel aufbacken. Weitere 10 bis 15 Minuten backen, bis sie goldbraun und schön aufgegangen sind. Ein kleines Loch in den Boden der Windbeutel machen und umgedreht auf die Backbleche legen. Wieder in den Ofen geben und 2 Minuten trocknen lassen. Die Windbeutel dann auf einem Drahtgitter abkühlen lassen.

Die Passionsfruchtcreme zubereiten. Die Passionsfrucht halbieren, das Fruchtfleisch herausnehmen und in die Vanillecreme untermischen. Die Creme und den Veilchenlikör in die Mengschüssel geben und mit dem Schneebesen auf Stufe 6 schlagen, bis sich leichte Spitzen bilden. Vorsichtig in die Passionsfruchtmischung unterheben.

Kurz vor dem Servieren die mit einem Spritzbeutel in die Windbeutel einspritzen. Die Schokoladenganache wie auf Seite 27 beschrieben zubereiten, und die Sahne mit hohem Fettgehalt untermischen. Einige Profiteroles auf jeden Teller legen und mit warmer Schokoladenganache beträufeln. Mit kristallisierten Veilchen bestreuen und sofort servieren.

Himbeer/Ricotta-Pfannkuchen mit Bananen und Trüffelhonigbutter

Amerikanische Pfannkuchen sind kleiner, aber dicker als französische Crepes. Sie eignen sich perfekt zum Aufnehmen von Geschmacksstoffen. Der Trüffelhonig ist ein unübliches Aroma, passt jedoch vorzüglich zu den Bananen und leicht gesalzenen Pfannkuchen.

Für 4 Portionen
Zubereitung: 15 Minuten
Backzeit: 20 Minuten

300 g Ricotta
200 ml Milch
4 Eier
1 TL Vanilleextrakt
175 g Mehl
2 TL Backpulver
Prise Salz
125 g Himbeeren
4 Bananen
Geschmolzene oder geklärte Butter zum Braten

Trüffelhonigbutter:
100 g weiche Butter
50 g Trüffelhonig

Ricotta und Milch in die Mengschüssel geben. Die Eier trennen und das Eigelb mit dem Flachrührer auf Stufe 4 in den Ricotta einrühren, bis alles gut vermischt ist. Vanille, Mehl und Backpulver auf Stufe 2 untermischen, bis alles glatt ist. In eine andere Schüssel geben.

Die Mengschüssel gründlich reinigen und abtrocknen. Das Eiweiß und Salz mit dem Schneebesen auf Stufe 8 steif schlagen. Vorsichtig in den Teig mit den Himbeeren unterheben. Die Trüffelhonigbutter zubereiten, indem Sie Butter und Honig gut vermischen.

Etwas geschmolzene Butter in einer großen Bratpfanne auf mittlerer Flamme erwärmen. 4 Häufchen Teig in die Pfanne geben, ungefähr 1½ Esslöffel pro Pfannkuchen. Die Pfannkuchen 1 Minuten lang braten, dann vorsichtig wenden und nochmals 1 Minute braten. Die Pfannkuchen aus der Pfanne nehmen und im Ofen warmhalten. Den Rest der Pfannkuchen braten, dabei die Pfanne jedes Mal mit geschmolzener Butter bestreichen. Mit den geschälten und geschnittenen Bananen und Trüffelhonigbutter servieren.

Pfannkuchen „Comédie Française“

Für 4 Portionen
Zubereitung: 10 Minuten
Abkühlen: 1 Stunde
Backzeit: 30 Minuten

100 g Mehl
Eine Prise Salz
1 EL Zucker
3 Eier
125 ml Milch
125 ml Wasser
1 EL Mohn
Geschmolzene Butter zum Backen

Sauce:
100 g Butter
50 g Zucker
Geriebene Schale und Saft von 2 Orangen
Geriebene Schale und Saft von 1 Zitrone
3 EL Grand Marnier
6 Passionsfrüchte
1 EL Zitronen- oder Orangenblütenhonig
2 EL Limoncello
1 EL weißer Rum
1 Portion Weißes Schokoladeneis (siehe S. 27) zum Servieren

Dies war als Kind eines meiner Lieblingsdesserts. Ich habe es mit Zitrone und Passionsfrucht angepasst, um die Süße der Orange zu ergänzen.

Mehl, Salz und Zucker in die Mengschüssel sieben. Nach und nach Eier, Milch, Wasser und Mohn mit dem Schneebesen auf Stufe 2 einmischen. 1 Minute lang auf Stufe 4 steigern, um sicherzustellen, dass die Masse völlig glatt ist. 1 Stunde abkühlen lassen.

Eine 15 cm große Pfannkuchenpfanne mit geschmolzener Butter bestreichen und ein Achtel der Masse in die Pfanne gießen. Dabei die Pfanne schwenken, damit sich der Teig gut am Boden verteilt. 1 Minute backen, vorsichtig wenden und die andere Seite braten. Aus der Pfanne heben und warmhalten, während sie die restlichen Pfannkuchen braten. Die Pfannkuchen zwischen Pergamentpapier stapeln. Sie sollten im Ganzen 8 Pfannkuchen haben.

Die Sauce zubereiten. Butter, Zucker, Zitrusschale und -saft sowie Grand Marnier in einen Kochtopf geben, der groß genug für alle Pfannkuchen ist. Die Passionsfrucht halbieren und das Fruchtfleisch in den Topf geben. Auf kleiner Flamme erhitzen, bis die Butter und der Zucker geschmolzen sind, dann die Hitze steigern und 2 Minuten lang kochen lassen.

Einen Pfannkuchen in den Topf geben, mit der Sauce bedecken und in Viertel falten. Mit den restlichen Pfannkuchen wiederholen, und mit Honig, Limoncello und Rum beträufeln. Rasch, aber vorsichtig anzünden und warten, bis die Flammen erloschen sind, bevor Sie die Pfannkuchen mit der Eiscreme servieren.

Belgische Schokoladenwaffeln mit karamellisierten Bananen

Für 8 Portionen
Zubereitung: 15 Minuten
Rasten: 1 Stunde
Backzeit: 25 Minuten

85 g Butter
150 g belgische Zartbitterschokolade (70 %)
375 ml Milch
1 TL Vanilleextrakt
½ TL geriebene Gewürznelken
285 g Mehl
2 EL Zucker
25 g Kakaopulver
¼ - ½ TL Salz
7 g Trockenhefe
3 Eier
Eine Prise Salz

Karamellisierte Bananen:
4 große Bananen
25 g Butter
25 g Zucker
8 Kugeln Spekulatiuseis zum Servieren.

Die Kombination von Waffeln und Schokolade sorgt für ein durch und durch belgisches Dessert. Anstelle der Bananen können auch Birne, Mango oder Erdbeeren verwendet werden. Spekulatiuseis ist eine typisch belgische Eissorte. Sie kann durch jede beliebige würzige Eiscreme ersetzt werden, wie beispielsweise Zimt, Gewürznelke, Muskatnuss oder Ingwer.

Die Butter und 50 g Schokolade schmelzen. Vom Herd nehmen und Milch, Vanille, Gewürznelken und die restliche, fein gehackte Schokolade einrühren. Mehl, Zucker, Kakaopulver, Salz und Hefe in die Mengschüssel sieben. Mit dem Flachrührer 30 Sekunden lang auf Stufe 1 mischen.

Die Eier trennen. Den Schneebesen aufsetzen und die Schokolademischung und das Eigelb auf Stufe 6 in das Mehl untermischen, bis Sie einen dicken und glatten Teig erhalten. In eine große Schüssel geben, abdecken und bei Zimmertemperatur 1 Stunde lang stehen lassen.

Die Mengschüssel und den Schneebesen gründlich reinigen und abtrocknen. Eiweiß und Salz auf Stufe 8 steif schlagen. Das Eiweiß mit einem großen Metalllöffel in den Teig unterheben.

Das Waffeleisen gemäß den Anweisungen des Herstellers einschalten. Genügend Teig eingießen, dass der Boden dünn bedeckt ist, dann das Waffeleisen schließen und die Waffeln 3 bis 4 Minuten backen. Die Waffeln sind gebacken, wenn sie einfach aus dem Waffeleisen herausgenommen werden können. Die Waffeln warmhalten und mit dem restlichen Teig fortfahren.

Die karamellisierten Bananen zubereiten. Die Bananen in Längsrichtung oder in dicke Scheiben schneiden. Die Butter in einem Kochtopf mit schwerem Boden erhitzen und die Bananen und den Zucker dazugeben. Auf hoher Flamme kochen, bis die Bananen karamellisiert sind, aber noch ihre ursprüngliche Form aufweisen. Mit den warmen Waffeln und dem Spekulatiuseis servieren.

Lebkuchen

Diese würzigen deutschen Plätzchen werden meistens zu Weihnachten serviert. Sie können verschiedene Formen ausstechen, Bänder durchziehen und sie als essbare Christbaumdekoration verwenden.

Für 24 Stück
Zubereitung: 35 Minuten
Abkühlen: über Nacht
Backzeit: 15 Minuten

250 ml Akazienhonig
175 g dunkelbrauner Zucker
1 Ei
1 EL dunkler Rum
Geriebene Schale von 1 Orange
300 g Mehl
1 TL Kakaopulver
½ TL geriebener Zimt
¼ TL geriebener Koriander
¼ TL geriebener Kardamom
¼ TL geriebene Gewürznelken
¼ TL frisch geriebene Muskatnuss
½ TL Salz
½ TL Backpulver
50 g fein gehackte, kandierte Orangenschale
50 g fein gehackte, geröstete Haselnüsse
1 Eigelb
Blanchierte und Mandelblättchen zum Dekorieren

Honig in einem Kochtopf erhitzen, bis er beginnt, Blasen zu werfen. Vom Herd nehmen und Zucker, Ei, Rum und Orangenschale untermischen. Mehl, Kakaopulver, Gewürze, Salz und Backpulver in die Mengschüssel geben. Die Honigmischung mit dem Flachrührer auf Stufe 2 untermischen, bis alles gut vermengt ist. Die kandierte Orangenschale und die Haselnüsse beigeben und über Nacht abkühlen lassen.

Am nächsten Tag den Ofen auf 190°C/Gas Stufe 5 vorheizen. Den Teig in 4 Portionen teilen, jeweils mit einer Portion arbeiten, und den Rest in den Kühlschrank stellen. Den Teig ½ cm dick auf einer gut bemehlten Fläche ausrollen. Kreise mit einem Durchmesser von 5 cm oder andere Formen ausstechen und auf ein mit Pergamentpapier ausgekleidetes Backblech legen. Einige blanchierte Mandelblättchen auf jeden Lebkuchen legen. Das Eigelb mit 1 Esslöffel Wasser vermengen und die Lebkuchen glasieren. 12 bis 15 Minuten lang goldbraun backen. Auf einem Drahtgitter abkühlen lassen.

Scones mit Zitronengras und Buttermilch

Wenn man diesen Scones Backpulver hinzufügt, werden sie sehr leicht, müssen jedoch am selben Tag noch gegessen werden. Scones werden traditionellerweise zum Nachmittagstee mit warmer Sahne (clotted cream) und Konfitüre serviert. Sie können die „clotted cream" durch Mascarpone ersetzen, falls Sie diese nicht finden.

Für 8 bis 10 Stück
Zubereitung: 10 Minuten
Backzeit: 12 Minuten

225 g mit Backpulver vermischtes Mehl
¼ TL Backpulver
Eine Prise Salz
2 Stängel Zitronengras
50 g Zucker
75 g weiche Butter
1 großes Ei
2-3 EL Buttermilch
Warme Sahne (clotted cream) und Pfirsich- oder Aprikosenkonfitüre zum Servieren.

Den Ofen auf 220°C/Gas Stufe 7 vorheizen. Das Backblech leicht einölen. Mehl, Backpulver und Salz in die Mengschüssel sieben. Die harten äußeren Blätter vom Zitronengras entfernen und den Rest fein hacken. In einer Kaffeemühle mit dem Zucker mahlen. Gemeinsam mit der Butter in die Schüssel geben und mit dem Flachrührer auf Stufe 2 mischen, bis die Mischung wie Brösel aussieht. Auf Stufe 2 weitermixen und nach und nach das Ei und gerade genug Buttermilch hinzufügen, dass sich der Teig bindet und sich von der Schüssel löst.

Auf eine leicht bemehlte Fläche stürzen und kurz durchkneten, dann 2 cm dick ausrollen und mit einer gerillten, in Mehl getauchten Ausstechform von 6 cm Kreise ausstechen. Auf das Backblech geben und mit etwas Buttermilch glasieren. Die Randabfälle erneut ausrollen und wiederholen. 10 bis 12 Minuten lang – oder bis die Scones schön aufgegangen und goldbraun sind – backen. Warm oder bei Zimmertemperatur mit „clotted cream" und Konfitüre servieren.

Cremige Karamellpuddings mit Ingwer und gesalzenem Karamell

Dies ist Comfort Food von seiner besten Seite: cremig, süß und zügellos. Um die besten Ergebnisse zu erzielen, warm mit warmer Sahne oder Bananeneis (siehe S. 168) servieren Sie den Pudding warm mit warmer Sahne (clotted cream) oder mit Bananeneis.

Für 8 Portionen
Zubereitung: 15 Minuten
Backzeit: 35 Minuten

50 g weiche Butter
125 g hellbrauner Zucker
2 Eier
2 EL Goldsirup
½ TL geriebener Ingwer
175 g mit Backpulver vermischtes Mehl
175 g entkernte getrocknete Datteln
300 ml heißes Wasser
1 TL Natron
50 g in Sirup eingelegter Ingwer

Karamellsauce:
100 g hellbrauner Zucker
100 g Butter
100 ml Sahne mit hohem Fettgehalt
2 EL gesalzene Butterkaramellsauce

Den Ofen auf 180°C/Gas Stufe 4 vorheizen. 8 Dariolformen von 200 ml einfetten und bemehlen. Butter und Zucker in der Mengschüssel mit dem Flachrührer auf Stufe 6 mixen, bis die Masse blass und flaumig ist. Die Eier einzeln dazugeben, und nach jedem Ei gut schlagen. Den goldenen Sirup, Ingwer und Mehl auf Stufe 2 untermischen, bis alles glatt ist.

Die Datteln mit dem Wasser in einen Kochtopf geben. Zum Kochen bringen und 5 Minuten köcheln lassen. Vom Herd nehmen und das Natron untermischen. Die Datteln und ihre Kochflüssigkeit mit dem eingelegten Ingwer im Blender auf Stufe pürieren, und mit dem Flachrührer auf Stufe 4 in den Teig mischen. In die vorbereiteten Formen füllen und 30 Minuten backen, bis sich der Pudding fest anfühlt.

In der Zwischenzeit die Karamellsauce zubereiten. Zucker und Butter in einem kleinen Topf langsam erhitzen und glatt rühren. Die Sahne und die Karamellsauce unterrühren. Die Puddings stürzen und mit Karamellsauce beträufeln. Sofort servieren.

Blondies mit Moosbeeren, Pinienkernen und weisser Schokolade

Für 9 Blondies
Zubereitung: 15 Minuten
Backzeit: 30 Minuten

100 g weiße Schokolade
100 g Butter
125 g Zucker
Samen von 1 Vanilleschote (siehe weiter unten)
2 Eier
60 g Mehl
25 g Pinienkerne
75 g Weiße Schokoladensplitter
50 g getrocknete Moosbeeren

Moosbeerenkompott:
1 Vanilleschote
200 g Zucker
250 ml Wasser
175 g Moosbeeren

Dies ist eine außergewöhnliche Interpretation des amerikanischen Brownies, wobei diese Blondies mit weißer Schokolade anstelle der üblicherweise verwendeten Zartbitterschokolade zubereitet werden (daher ihr Name). Anstelle der Moosbeeren können sie auch kandierte Ananas, getrocknete Aprikosen oder Kirschen verwenden.

Zuerst das Moosbeerenkompott zubereiten. Die Vanilleschote in Längsrichtung aufschneiden und die Samen herausschaben. Zur Seite stellen. Die aufgeschnittene Vanilleschote mit dem Zucker und dem Wasser in einen Kochtopf geben. Langsam zum Kochen bringen und rühren, bis sich der Zucker aufgelöst hat. Die Moosbeeren dazugeben und 5 bis 10 Minuten kochen, bis die Beeren aufgesprungen sind. Die Moosbeeren abseihen und den Sirup auffangen. Dies einkochen, bis es dick genug ist, um die Moosbeeren einzuhüllen. Die Moosbeeren untermischen und abkühlen lassen.

Den Ofen auf 180°C/Gas Stufe 4 vorheizen. Eine quadratische Backform von 18 cm einfetten und den Boden mit Pergamentpapier auskleiden. Schokolade und Butter im Wasserbad schmelzen. Glatt rühren und vom Herd nehmen.

Die Blondies zubereiten. Zucker, Vanillesamen und Eier in der Mengschüssel mit dem Schneebesen auf Stufe 6 aufschlagen, bis die Masse blass und dick ist. Nach und nach die geschmolzene Schokolade und die Butter untermischen. Das Mehl in die Mengschüssel sieben und auf Stufe 4 in den Teig mischen. Die Pinienkerne, Schokoladechips und die getrockneten Moosbeeren untermischen.

Die Masse in die vorbereitete Backform füllen und 30 Minuten lang backen, bis sie sich gerade fest anfühlt. In der Backform abkühlen lassen, stürzen und in Quadrate schneiden. Die Blondies mit dem Moosbeerenkompott servieren.

Karottentörtchen mit Pistazien, Aprikosen und Frischkäse-Zuckerguss

Für 12 kleine Kuchen.
Zubereitung: 20 Minuten
Backzeit: 35 Minuten

150 g Karotten
100 g hellbrauner Zucker
175 ml Sonnenblumenöl
2 große Eier
225 g Mehl
¾ TL Backpulver
Eine Prise Salz
1 TL gemahlener Kardamom
Geriebene Schale von 1 Zitrone
50 g geschälte und blanchierte Pistazien
50 g fein gehackte getrocknete Aprikosen

Kandierte Karotten:
75 g Karotten
75 g Zucker
2 EL Zitronensaft
2 EL Wasser

Frischkäse-Zuckerguss:
100 g Frischkäse
250 g Puderzucker
1-2 TL Zitronensaft
½ Vanilleschote

Karottenkuchen gehört zu den beständigen Favoriten und beweist einmal mehr, dass die Verwendung von Gemüse in Desserts nicht so verrückt ist, wie sie klingt. Sie können die kandierten Karotten durch winzige Marzipankarotten zur Dekoration ersetzen.

Den Ofen auf 200°C/Gas Stufe 6 vorheizen. 12 kleine Muffinformen einfetten oder mit Papierhüllen auskleiden. Die Karotten schälen und in einer Schüssel mit der feinen Raspeltrommel am Gemüseschneider auf Stufe 4 reiben.

Zucker, Öl und Eier in der Mengschüssel mit dem Schneebesen auf Stufe 6 schlagen, bis die Masse blass und flaumig ist. Mehl, Backpulver, Salz, Kardamon und Zitronenschale untermischen, bis alles gut gebunden ist. Die geriebenen Karotten, Pistazien und Aprikosen unterheben, in die Törtchenformen füllen und 20 Minuten lang backen. Auf einem Drahtgitter abkühlen lassen.

Die kandierten Karotten zubereiten. Die Karotten schälen und mit der feinen Raspeltrommel am Gemüseschneider auf Stufe 4 raspeln. Die Karottenstreifen mit dem Zucker, Zitronensaft und Wasser in einen Kochtopf geben. Langsam zum Kochen bringen und rühren, bis sich der Zucker aufgelöst hat. Dann auf hoher Flamme 5 Minuten lang kochen, bis der Sirup eingedickt ist und die Karottenstreifen durchscheinend sind.

Den Frischkäse-Zuckerguss zubereiten. Frischkäse und Puderzucker in der Mengschüssel mit dem Schneebesen auf Stufe 4 schlagen. Mit Zitronensaft abschmecken, die Samen aus der Vanilleschote schaben und auf Stufe 2 untermischen. Den Zuckerguss auf den gekühlten Kuchen verteilen und mit kandierten Karotten dekorieren.

Sachertorte im neuen Stil

Für 6 Portionen
Zubereitung: 25 Minuten
Backzeit: 25 Minuten
Rasten: 20 Minuten

100 g Zartbitterschokolade (70 %)
65 g Butter
4 Eier
1 TL Vanilleextrakt
Eine Prise Salz
85 g Zucker
65 g Mehl

Aprikosenkonfitüre:
125 g Zucker
1 EL Orangenblütenhonig
200 ml Wasser
125 g getrocknete Aprikosen
2 EL Orangenblütenwasser
Einige Tropfen Zitronensaft

Schokoladenglasur:
125 g Zartbitterschokolade (70 %)
85 g Butter
1 EL Orangenblütenhonig
1 EL getrocknete Ringelblumenblüten zum Dekorieren

Sachertorte ist wahrscheinlich der berühmteste Schokoladenkuchen aller Zeiten. Und wie alle Klassiker kann er variiert und aktualisiert werden. Dies ist eine duftende Version für alle, die Blütenaromen lieben.

Den Ofen auf 180°C/Gas Stufe 4 vorheizen. 6 Dariolformen von 175 ml einfetten und mit Mehl bestäube. Die Schokolade mit der Butter schmelzen. Die Eier trennen und die Eigelbe in die geschmolzene Schokolade mischen. Die Vanille untermischen.

Eiweiß und Salz in der Mengschüssel mit dem Schneebesen auf Stufe 4 schaumig schlagen. Auf Stufe 8 wechseln und steif schlagen. Nach und nach den Zucker untermischen, bis die Schaummasse steif und glänzend ist. Die Schaummasse vorsichtig in die Schokoladenmischung unterheben. Zum Schluss Mehl einsieben und unterheben. Den Teig in die vorbereiteten Formen füllen und jeder Form einen vorsichtigen, aber festen Klaps auf der Arbeitsfläche geben, um eventuelle Luftblasen zu beseitigen. 20 bis 25 Minuten – oder bis ein in die Mitte eingestochener Bratspieß sauber wieder entfernt werden kann – backen. In den Formen abkühlen lassen.

In der Zwischenzeit die Aprikosenkonfitüre zubereiten. Zucker und Honig mit dem Wasser in einen Kochtopf geben. Langsam erhitzen und rühren, bis sich der Zucker aufgelöst hat. Die Aprikosen hinzufügen und zum Kochen bringen. Ungefähr 25 Minuten köcheln, bis die Aprikosen weich sind; sie sollten leicht durchscheinend sein. Vom Herd nehmen, leicht bedecken und 20 Minuten rasten lassen.

Wenn die Kuchen abgekühlt sind, die Oberfläche zuschneiden, damit sie flach stehen können und umgekehrt auf ein Drahtgitter stürzen. Die Glasur durch Schmelzen der Schokolade mit Butter und Honig zubereiten. Auf 32°C-33°C abkühlen lassen. Das Orangenblütenwasser und den Zitronensaft untermischen, um die Aprikosenkonfitüre abzuschmecken. Die Kuchen mit Aprikosensirup bestreichen, völlig mit der Glasur bedecken und mit Ringelblumenblüten bestreuen. Sofort servieren oder 30 Minuten abkühlen lassen, bis sich die Glasur verfestigt hat. Die Kuchen mit Aprikosenkonfitüre servieren. Für einen absoluten Aprikosengeschmack mit einer Kugel Aprikosensorbet servieren.

Blaubeeren-Muffins mit gesalzenem Karamell und Pekannüssen

Das Geheimnis sehr leichter Muffins ist, den Teig nicht zu viel zu mischen. Die Pekannüsse durch Macadamianüsse und die Vanille durch Zitronenschale ersetzen, wenn Sie eine australische Version dieses amerikanischen Klassikers zubereiten möchten.

Für 12 Stück
Zubereitung: 10 Minuten
Backzeit: 25 Minuten

220 g Mehl
2 TL Backpulver
200 g Zucker
1 TL Vanilleextrakt
250 ml Sauerrahm
60 g geschmolzene Butter
1 Ei
60 ml Ahornsirup
50 g gehackte gesalzene Karamelltoffees
30 g grob gehackte Pekannüsse
100 g Blaubeeren

Den Ofen auf 180°C/Gas Stufe 4 vorheizen. 12 große Muffinformen einfetten oder mit Papierhüllen auskleiden. Mehl, Backpulver und Zucker in die Mengschüssel sieben. Ein Loch in der Mitte machen.

Vanille, Sauerrahm, Butter, Ei und Ahornsirup in einen Messbecher geben und in das Loch gießen. 20 Sekunden lang mit dem Flachrührer auf Stufe 2 mischen, bis alles gebunden ist. Toffees, Pekannüsse und Blaubeeren vorsichtig unterheben. Die Muffin-Formen zu drei Viertel mit dem Teig füllen und 20 bis 25 Minuten backen, bis die Muffins aufgegangen sind und sich fest anfühlen. 10 Minuten abkühlen lassen und auf ein Drahtgitter stürzen. Am selben Tag essen oder für später einfrieren.

Doppelter Marmorkuchen mit Schokolade und Veilchen

Für 10 Portionen
Zubereitung: 20 Minuten
Backzeit: 35 Minuten
Rasten lassen: 2 Stunden

100 g Zartbitterschokolade (70%)
115 g weiche Butter
150 g Zucker
2 Eier
75 ml Veilchenlikör
200 g mit Backpulver vermischtes Mehl
1 TL Backpulver
1 TL Vanilleextrakt
50 g weiße Schokolade-Chips

Schokoladenglasur:
100 g weiße Schokolade
25 ml Veilchenlikör
50 g kristallisierte Veilchen

Dieser Kuchen verdankt seinem Namen der Tatsache, dass eine Portion Teig mit weißer Schokolade und die andere mit dunkler Schokolade zubereitet wird beides gemeinsam gebacken, schafft einen marmorierten Effekt.

Den Ofen auf 180°C/Gas Stufe 4 vorheizen. Eine Ringform mit einem Durchmesser von 23 cm einfetten. Die Schokolade schmelzen. Butter und Zucker in der Mengschüssel mit dem Flachrührer 1 Minute auf Stufe 4 schlagen, bis die Masse blass und flaumig ist. Die Eier einzeln dazugeben und danach den Likör, dabei nach jeder Zugabe gut schlagen. Wenn die Mischung geronnen aussieht, einen Esslöffel Mehl dazugeben.

Mehl und Backpulver in die Schüssel sieben und in die sahnige Mischung 1 Minute lang auf Stufe 4 schlagen, bis alles gut vermischt ist. Die Hälfte des Teigs in eine andere Schüssel geben und Vanilleextrakt und weiße Schokoladenchips hinzufügen. Die geschmolzene Schokolade in der Mengschüssel mit dem Flachrührer auf Stufe 1 in der Mengschüssel gut mit dem Teig vermischen.

Die beiden Teige jeweils abwechselnd in die Gugelhupfform füllen. Die Oberfläche mit einem Löffel glätten und 35 Minuten goldbraun backen. Den Kuchen in der Form abkühlen lassen, und mit einem Messer vom Rand lösen.

In der Zwischenzeit die Schokoladenglasur zubereiten. Die weiße Schokolade mit dem Veilchenlikör schmelzen. Die kristallisierten Veilchen grob hacken. Wenn der Kuchen ungleichmäßig aufgegangen ist, den Boden etwas zuschneiden, damit der Kuchen stehen kann. Den Kuchen stürzen, dann die über den Kuchen gießen und mit Veilchen bestreuen. Die Schokolade 2 Stunden lang fest werden lassen, bevor Sie den Kuchen schneiden.

Chiffon-Kuchen mit Zitrone und Earl Grey

Für 6-8 Portionen
Zubereitung: 30 Minuten
Backzeit: 1 Stunde 5 Minuten

250 g mit Backpulver vermischtes Mehl
1 EL Backpulver
½ TL Salz
300 g Zucker
2 EL Earl-Grey-Teeblätter
125 ml Pflanzenöl
5 Eigelbe
Geriebene Schale von 1 Zitrone
Geriebene Schale von 2 Limonen
100 ml Zitronensaft
8 Eiweiße
½ TL Weinstein

Mascarponecreme :
500 g Mascarpone
4 EL Puderzucker
1 TL fein gemahlener Earl-Grey-Tee
Geriebene Schale von 1 Zitrone
50 g zerstoßene Pistazien

Dieser amerikanische Kuchen ist äußerst leicht, da Öl anstelle von Butter verwendet wird und zusätzliche Eiweiße hinzugefügt werden. Mit einem so tugendhaften Kuchen ist es sicherlich keine Sünde, eine reichhaltige Mascarponecreme hinzuzufügen. Die beste Begleitung für diesen Kuchen ist natürlich eine Tasse Earl-Grey-Tee.

Den Ofen auf 170°C/Gas Stufe 3 vorheizen. Mehl, Backpulver und Salz in die Mengschüssel sieben. 100 g Zucker mit dem Earl Grey in einer Kaffeemühle mehr oder weniger fein mahlen; es sollten noch Teeflecken sichtbar sein. Mit dem restlichen Zucker in das Mehl einrühren. In der Mitte ein Loch machen und Öl, Eigelbe, Zitronen- und Limonenschale dazugeben. Mit dem Flachrührer 30 Sekunden lang auf Stufe 2 mixen. Zitronensaft dazugeben, auf Stufe 6 steigern und 1 Minute lang schlagen. Die Masse in eine andere Schüssel geben.

Die Mengschüssel gründlich reinigen und abtrocknen. Die Eiweiße und den Weinstein mit dem Schneebesen auf Stufe 8 schlagen, bis die Masse steif ist. Die Masse vorsichtig unter die Eiweiße heben (nicht andersherum!) und in eine nicht befettete Ringform von 25 cm füllen. 55 Minuten lang backen, dann die Ofentemperatur auf 180°C/Gas Stufe 4 steigern und weitere 10 Minuten backen. Den Kuchen umgekehrt auf ein Drahtgitter stellen und in der Backform abkühlen lassen.

Die Mascarponecreme zubereiten. Den Mascarpone in die Mengschüssel geben und den Puderzucker und den Earl-Grey-Tee mit dem Flachrührer auf Stufe 4 einmischen, bis alles glatt ist. Die Zitronenschale und die Pistazien mischen. Die Ränder des Kuchens vorsichtig mit einem Messer lösen und auf ein Drahtgitter stürzen. Mit der Mascarponecreme und den Zitronenpistazien servieren.

Kaffeegugelhupf mit Sambuca-Sirup

Für 10 Portionen
Zubereitung: 15 Minuten
Backzeit: 40 Minuten

4 Eier
2 EL Espresso-Kaffeebohnen
175 g Zucker
Eine Prise Salz
150 g geriebene Mandeln

Sambuca-Sirup:
300 ml frisch zubereiteter Espresso
100 g Zucker
2 Zimtstangen
4 Gewürznelken
4 zerdrückte Kardamomkapseln
1 aufgeschnittene Vanilleschote
1 Tonkabohne
1 Orange
2 EL Sambuca (italienischer Anislikör)

Dieser turbanförmige Kuchen wird unter vielen verschiedenen Namen allerorts in Mitteleuropa zubereitet: Kouglof, Kugelhof, Guglhupf usw. Gugelhupf enthält häufig Butter und Hefe, ich habe mich jedoch für eine leichtere Version entschieden, damit der Kuchen möglichst viel Sirup aufnehmen kann.

Den Ofen auf 180°C/Gas Stufe 4 vorheizen. Eine Gugelhupfform mit einem Durchmesser von 22 cm einfetten. Die Eier trennen und das Eigelb in die Mengschüssel geben. Die Kaffeebohnen in einer Kaffeemühle mehr oder weniger fein mahlen; sie dürfen nicht zu pulvrig sein, da der Kuchen ansonsten nicht den gewünschten gesprenkelten Effekt aufweist. Kaffee, die Hälfte des Zuckers und die Eigelbe in der Mengschüssel mit dem Schneebesen auf Stufe 6 schlagen, bis die Masse blass und dick ist. In eine andere Schüssel geben.

Die Mengschüssel und den Schneebesen gründlich reinigen und abtrocknen, und danach die Eiweiße und etwas Salz steif schlagen, dabei die Geschwindigkeit immer mehr steigern. Nach und nach den restlichen Zucker hinzufügen, bis die Schaummasse steif und glänzend ist. Die Schaummasse unter die aufgeschlagenen Eigelbe heben und vorsichtig die Mandeln einrühren. In die vorbereitete Backform geben und 30 bis 40 Minuten lang backen, bis sich der Kuchen elastisch anfühlt.

In der Zwischenzeit den Sambuca-Sirup zubereiten. Kaffee, Zucker und Gewürze in einen Kochtopf geben. Die Orange mit einem Kartoffelschäler schälen und die Schalen in die Pfanne geben. Langsam zum Kochen bringen und zu einem Sirup einkochen. Etwas abkühlen lassen, den Sambuca untermischen und vollständig abkühlen lassen.

Den Gugelhupf aus dem Ofen nehmen, auf ein Drahtgitter stürzen und abkühlen lassen. Den Guglhupf in Portionen schneiden und mit Sirup übergießen. Auf Wunsch mit Schlagsahne servieren.

Blutorangenkuchen mit Polenta und Rosmarin

Dieser außergewöhnliche Kuchen wird mit gekochten und pürierten Orangen zubereitet und hat eine sehr feuchte Textur. Dieser Kuchen kann mehrere Tage in einer luftdichten Dose aufbewahrt werden. Sie können ihn selbst tiefkühlen. Anstelle der Polenta können Sie auch Grieß- oder Reismehl verwenden.

Für 8 Portionen
Zubereitung: 1 Stunde
Backzeit: 1 Stunde

2 Blutorangen
6 Eier
250 g Zucker
125 g Polenta
125 g geriebene Mandeln
2 EL fein gehackter Rosmarin
1 EL Backpulver Frischkäse zum Servieren

Honigsirup:
8-12 Blutorangen
200 ml Akazienhonig

Wie Orangen waschen und in einen Kochtopf geben. Mit Wasser bedecken und 1 Stunde – oder bis die Orangen weich sind – leicht kochen. Die Orangen gut abgießen, halbieren und Kerne entfernen. Die Orangen in den Blender/Standmixer füllen und auf Stufe pürieren.

Den Ofen auf 180°C/Gas Stufe 4 vorheizen. Eine Springform mit einem Durchmesser von 20 cm einfetten und auskleiden. Eier und Zucker in der Mengschüssel mit dem Schneebesen auf Stufe 6 schlagen, bis die Masse blass und dick ist. Mit dem Flachrührer das Orangenpüree auf Stufe 2 untermischen. Danach Polenta, Rosmarin und Backpulver untermischen. Die Masse in die vorbereitete Springform füllen und 45 Minuten bis 1 Stunde lang backen, bis der Kuchen schön aufgegangen ist und sich fest anfühlt. In der Springform auskühlen lassen.

In der Zwischenzeit den Honigsirup zubereiten. Die Blutorangen mit der Zitruspresse auf Stufe 6 auspressen, bis Sie 400 ml haben. Mit dem Honig in einen Kochtopf geben und zum Kochen bringen, dann auf einen Sirup einkochen lassen. Mit einem Spieß Löcher über die ganze Oberfläche des Kuchens stechen. Den Sirup langsam übergießen und einziehen lassen. Den Kuchen stürzen, wenn der ganze Sirup aufgenommen wurde. Mit Frischkäse servieren.

Griechischer Walnusskuchen mit Weinbrand

Dieser mit Sirup durchtränkte Walnusskuchen wird am besten mit einer Tasse Espresso serviert. Wenn der Metaxa für Sie zu stark ist, können sie an seiner Stelle einen Dessertwein verwenden, wie beispielsweise Vin Santo oder Sherry.

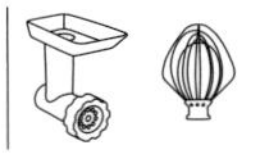

Für 8 Portionen
Zubereitung: 20 Minuten
Backzeit: 40 Minuten

200 g Walnüsse
2 Eier
125 ml Olivenöl Extra Virgine
100 g Zucker
125 ml griechischer Joghurt
185 g mit Backpulver vermischtes Mehl
Eine Prise Salz
1 TL geriebene Gewürznelken

Metaxa-Sirup:
100 ml Berghonig
1 Zimtstange
3 Gewürznelken
1 Orange
50 ml Metaxa (griechischer Weinbrand)

Den Ofen auf 180°C/Gas Stufe 4 vorheizen. Eine Springform mit einem Durchmesser von 20 cm einfetten und auskleiden. 175 g Walnüsse mit der groben Mahlscheibe am Fleischwolf auf Stufe 4 reiben. Eier, Olivenöl und Zucker in der Mengschüssel mit dem Schneebesen auf Stufe 6 schlagen, bis die Masse blass und flaumig ist. Den Joghurt auf Stufe 2 untermischen. Mehl, Salz und Gewürznelken in die Schüssel sieben und auf Stufe 1 unterrühren. Die Walnüsse unterheben und in die vorbereitete Backform füllen. Mit den restlichen Walnüssen dekorieren und 40 Minuten lang backen, bis sich der Kuchen fest anfühlt.

In der Zwischenzeit den Sirup zubereiten. Den Honig mit dem Zimt und den Gewürznelken in einen Kochtopf geben. Die Orange mit einem Kartoffelschäler schälen und die Orangenschalen in den Topf geben. Langsam erwärmen und den Metaxa unterrühren. Abkühlen lassen.

Den Kuchen aus dem Ofen nehmen und über die ganze Fläche mit einer Gabel einstechen. Den Sirup langsam übergießen und einziehen lassen. Den Kuchen stürzen, wenn der ganze Sirup aufgenommen wurde. Mit griechischem Joghurt, gesüßt mit Honig, servieren.

Rosaroter Geburtstagskuchen

Für 12 Portionen
Zubereitung: 40 Minuten
Backzeit: 30 Minuten
Abkühlen: 3 Stunden

175 g weiche Butter
175 g Zucker
1 TL gemahlener Kardamom
3 Eier
175 g mit Backpulver vermischtes Mehl
25 g geriebene Mandeln
2 EL Rosenwasser
1 Portion Weiße Schokoladenganache (siehe S. 27), aromatisiert mit den Samen 1 Vanilleschote anstelle des Rosenlikörs

Rosa Glasur:
2 große Eiweiß
1/4 TL Weinstein
1/4 TL Salz
125 ml Rosensirup
125 g Zucker
Einige Tropfen rote Lebensmittelfarbe
1 Esslöffel Rosenlikör
50 g essbare Silberkugeln
50 g grob gehackte kristallisierte Rosenblüten
Blüten von 1-2 ungespritzten rosaroten Rosen
Rosarote Kerzen zum Dekorieren (wahlweise)

Das Backen eines Geburtstagskuchens ist die perfekte Gelegenheit, ihrer Kreativität freien Lauf zu lassen. Da dieser Kuchen frische Butter, Sahne und Eier enthält, muss er noch am selben Tag gegessen werden. Wenn Sie die Kerzen weglassen, können Sie ihn auch als Hochzeitstorte verwenden.

Den Ofen auf 180°C/Gas Stufe 4 vorheizen. Zwei 18 cm große Kastenformen leicht befetten und mit Pergamentpapier auskleiden. Butter, Zucker und gemahlenen Kardamom in der Mengschüssel mit dem Flachrührer auf Stufe 4 schlagen, bis die Masse blass und flaumig ist. Die geschlagenen Eier nach und nach untermischen, einen Esslöffel Mehl hinzufügen und nach jeder Zugabe gut aufschlagen.

Das restliche Mehl und geriebene Mandeln hinzufügen und kurz durchmischen. 1 bis 2 Esslöffel Wasser unterrühren, um eine weiche tröpfelnde Konsistenz zu erhalten. Die Masse in die vorbereiteten Backformen füllen und die Oberfläche glätten. 25 bis 30 Minuten backen, bis der Kuchen aufgegangen, goldbraun und elastisch ist. Leicht abkühlen lassen und auf ein Drahtgitter stürzen. Das Rosenwasser gleichmäßig über beide Kuchen sprenkeln. Abkühlen lassen und das Pergamentpapier abziehen.

Die weiße Schokoladenganache zubereiten. Abkühlen lassen, dann 3 Stunden – oder bis die Ganache eine streichfähige Konsistenz hat – in den Kühlschrank stellen.

Die Ganache auf einem Kuchen aufstreichen und den zweiten Kuchen darüber geben. Leicht andrücken. Die Rosenglasur zubereiten. Die ersten 3 Zutaten in der Mengschüssel mit dem Schneebesen auf Stufe 8 aufschlagen, bis sich leichte Spitzen bilden. Nach und nach den Rosensirup, den Zucker und die rote Lebensmittelfarbe beigeben, bis die Schaummasse steif und glänzend ist. Den Rosenlikör unterheben und die Glasur über den gesamten Kuchen verteilen, dabei sorgen Kreise und Spitzen für ein wunderschönes Aussehen. Die Silberkugeln, die kristallisierten und gegebenenfalls frische Rosenblüten die streuen. Warten, bis die Glasur fest ist, bevor Sie eventuell die Kerzen aufstecken.

Tipp: Wenn Sie sich wegen der rohen Eier Sorgen machen, kann die Glasur auch gekocht werden. Die ersten 5 Zutaten in eine Schüssel über einem Topf mit siedendem Wasser kräftig mit einem Handmixer 5 bis 7 Minuten lang schlagen, bis die Schaummasse steif und glänzend ist. Mit dem Rezept fortfahren.

32
4
24
3

Alphabetisches Rezeptverzeichnis

Alphabetisches Rezeptverzeichnis

F

G

K

Alphabetisches Rezeptverzeichnis

N

Nudelgerichte

P

Pfannkuchen, pikant und süss

Plätzchen

S

T

Nachweise

KitchenAid Europa, Inc.
Nijverheidslaan 3 Box 5
B- 1853 Strombeek-Bever, Belgien
www.kitchenaid.eu

German version

ISBN 978-90-81634-13-7
D/2009/11604/18

Text:
Veerle de Pooter
und KitchenAid®

Fotos:
Tony Le Duc

Illustrationen auf den Seiten 8 bis 11:
KitchenAid®

Buchdesign:
Nej De Doncker

Layout-Unterstützung:
lu'cifer

Druck und Druckvorbereitung:
Daneels Graphic Group
www.daneels.be

Übersetzung:
Home Office

Gedruckt auf
Arctic Volume
(FSC-gekennzeichnet / umweltfreundlich)

Gebunden in
Metallium Silver

Satz in
Meta Pro type

Tony Le Duc (geb. 1961)
arbeitet seit 1984 als Fotograf und wird häufig als Flanderns individualistischster Lebensmittelfotograf beschrieben. Bis heute hat er mehr als dreißig Kochbücher illustriert und in den vergangenen fünfundzwanzig Jahren hat er mehrere internationale Auszeichnungen für seine eindrucksvollen Arbeiten im Bereich Lebensmittelfotografie erhalten. Mit ungewöhnlichen Lebensmittelkompositionen – oft in einem großen Format gedruckt – hat er an mehreren Ausstellungen teilgenommen. In seiner Anfangszeit hat Tony die Zutaten häufig auf Beton, Holz und Papierstrukturen fotografiert. Später entdeckte er die „floating technique“, bei der drei Plexiglas-Ebenen verwendet werden, um den Eindruck zu vermitteln, dass die Zutaten in der Luft schweben. Seit 2001 experimentiert Tony mit extremen Großaufnahmen von Lebensmitteln.

Seit 2004 hat er sich als Herausgeber von kulinarischen Projekten etabliert und Gesamtkonzepte geschaffen, bei denen Fotografie, Layout, Typographie, Inhalt und die Papierwahl gleichermaßen wichtig sind. Sein jüngstes Projekt ist KOOK ZE!, eine Bookazine, in der eine Kombination von Rezepten, kulinarischem Journalismus, Videoclips und Kochveranstaltungen ein komplettes Konzept darstellen.

www.tonyleduc.be

Veerle de Pooter (geb. 1973)
wurde in eine Familie von autodidaktischen Köchen hineingeboren. Sowohl ihr Großvater als auch ihr Vater waren begeisterte Köche. Allerdings wurde Veerles Leidenschaft für das Kochen erst geweckt, als sie weit weg von Zuhause Englisch studierte. Als Vegetarierin war sie über die angebotenen Gerichte enttäuscht und begann, selbst zu kochen. Nach kurzer Zeit als Commis in einem Londoner Spitzenrestaurant kehrte Veerle nach Belgien zurück, wo sie als Autorin und Köchin arbeitete. Zusätzlich zu ihren regelmäßigen Beiträgen in einigen der landesweit führenden Zeitungen und Wochenzeitschriften war Veerle auch als Köchin für einen Minister tätig, und sie kochte für Künstler in der Backstage-Küche eines führenden Brüsseler Konzerthauses. Seit 2000 arbeitet sie mit Tony Le Duc im Rahmen verschiedener Projekte zusammen. Gänzlich autodidaktisch kennzeichnet sich Veerles persönlicher Stil durch die Liebe zu frischen Kräutern, exotischen Gewürzen und blumigen Aromen. Die Veredelung von Klassikern mit einer modernen Note wurde ihr kulinarisches Markenzeichen. **KitchenAid® - Das Kochbuch** ist ihr erstes Kochbuch.

http://hotcakesandhighheels.blogspot.com

Nej De Doncker (geb. 1958)
ist ein Designer im weitesten Sinne des Wortes, der sowohl graphisches Design für Druckwerke gestaltet als auch Corporate Identity und Gebäudebeschilderungen entwickelt. Er war als Art Director für Kluwer Publishers tätig, lehrte am Sint Lucas Pavilion und war als Art Director und externer Kurator an ABC2004 / Antwerp World Book Capital beteiligt. In den vergangenen zehn Jahren hat sich Nej auf die Integration von Kunst, Produktentwicklung und Design konzentriert, und arbeitet eng mit Architekten und Künstlern zusammen. Sein eigenes Designstudio legt den besonderen Schwerpunkt auf Buchdesign. Im Jahr 2006 designte Nej „City of Letters“, eine Serie von 26 Heften, und eine Zusammenarbeit zwischen Schriftstellern und visuellen Künstlern. „Textasy“, ein Buch, das Nej für den amerikanischen Buchstabenkünstler Brody Neuenschwander schuf, wurde 2007 veröffentlicht. Im selben Jahr war er gemeinsam mit Tony Le Duc Koautor bei der kulinarischen Publikation „Slawinski“ – eine Hommage auf den kontroversen belgischen Küchenchef Willy Slawinski.

www.nej.be

Für meinen Vater Jan de Pooter,
Eine Ausnahmeerscheinung im Herzen
und in der Küche.

01
02
03
04
05
06
07
08
09
10